大展好書 好書大展

大展好書 好書大展

■命理與預言18

簡明易占學

黃曉崧/編著

大展出版社有限公司
DAH-JAAN PUBLISHING CO., LTD.

前言

人生有幸與不幸，有顛峰也有低谷，一向比他人活力更充沛、精神更旺盛的人，很可能突然間一病不起。長久處在貧苦困頓生活中，經常過著三餐不繼日子的窮漢，有朝一日時來運轉也會變成百萬富翁。就如經濟的潮流，有景氣與不景氣的週期，人世間同樣也有幸運，或倒楣的時候。

假如您已沈入在浪濤底下，愈是掙扎愈往下沈，最後將被大浪所吞噬，永成波臣。而在溺水之時，如果能夠不慌不忙倚附一小片的木板，調整一下呼吸，蓄養精力，等待時機的話，必可超越大浪，乘着下一個浪頭，一鼓作氣划向海岸邊，脫離險境。所謂「易」就是事先預知人生的下一個波濤，到底會在什麼時候、什麼地點向您襲擊。

距今三千年左右以前，中國人的祖先，收集各式各樣寶貴的人生經驗，將人生可能遭遇到的際遇，區分成六十四種類型，這就是易經的由來。當時的人們，每次遭遇難解的問題，而在內心疑問：「這下可該怎麼辦才好」的時候，皆借助易經占卜未來的吉凶。換句話說，古代的中國人都確實遵奉易經的指示，來採取對策，並付諸於行動。

那麼，易經和現代生活之間，是否毫無關係呢，筆者之所以寫這本書，其動機也就在於尋求這個問題的答案。

無論現代文明多麼地進步，電視機發展到多寬濶的螢幕，汽車在高速公路上如何奔馳，人類的智慧或思考方式，也不是那麼簡單就可以改變得了的。因此，本書最大的重點，在於將三千年前中國人的無限智慧，活用在現代人的日常生活之中。筆者盡量用最現代人的語氣，務必使讀這本書的您，能夠對易占運用自如。

本書並非為一手拈鬚、一邊煞有介事地大談易經理論的所謂易占大師、大相士等人物所寫。而是為那些從來都不知道「易經」為何物、初學而且有心一窺其中奥妙的新學之人而寫。因此，筆者在書中介紹您一人獨自能夠詳細地占卜的最簡易方法，而不用那些煩死人的複雜方式。畢竟現代人的生活餘裕有限，凡事講求精簡，如果一切都按舊式的占卜法來進行的話，料想大家不會有那麼多的閒暇時間來問卜吧！話雖如此，這最簡易的方法，仍不失「易」占的本質，而且，還能立刻在每天的日常生活中，獲得您意想不到的廣大效果。

這本書是您日後人生的指南，但願您能自由自在地活用本書中所教導的方式和如何運用的秘訣。如果您對本書透徹了解的話，那麼，無論是在戀愛或是結婚方面，健康方面，工作、事業方面，都必會讓您獲得最正確的指南。只要您朝着易經所指示的正道去做，那麼，您必成為人生競技場上的勇者，每戰必勝，絕不可能有失意或敗陣的時候。

總而言之，如果您看了這篇序文，而深怕被筆者這個傢伙所騙的話，請您占卜一卦試試看。不過，占卦之前，請詳閱本書前面的占卜法，這樣易經必正確地告訴您，筆者究竟有沒有胡吹亂蓋。

目錄

一・活用於現代之古代中國人的智慧

1 您自己就是命相專家

世上唯一可信賴的只有自己

我們都是人類。正因爲我們是肉身所造，所以絕不可能食霞靄、雲霧而活。只有神話中的得道神仙，才能夠不食人間煙火而消遙於天地間。

因此，只要是人類，就必會有七情六慾。人類在常識和理性的均衡發展下，每天過著柴米生活，但每個人終生在心中都深藏著豐富的夢想，同時無論是誰都渴望探知，自己的夢想何時成爲現實的幸福。夢想能在何時成眞。反過來說，每個人也都絕不願意遭遇不幸，也絕不願意遭受損失，尤其是期望精神和物質上都較他人更勝一籌的人，更是渴望了解自己的未來。

例如您正要開創某種新事業，在您採取行動的時候，所最需要的，旣是您的良友又是優秀的前輩，同時又身具現代智慧的人之建言。

但是這樣的建言者，却往往是尋它千百遍而不可得。在這種情況下，您何不喚醒潛伏於自己內心深處的預知本能，倚賴正確的理性，利用自己來判斷自己的將來呢？在人世上，最後唯一所能夠信賴的人，只有您自己。

我常常聽到人們這麼告訴我：「聽人家說某某相士多靈驗、多神準，結果花了大把鈔票，不但是胡說八道，反而更走楣運。」

每當聽到這種抱怨，我都禁不住反問對方：「您也是受過高等教育的人吧！爲什麼還這麼不相信您自己呢？難道您對自己一點信心都沒有嗎？」

在所謂的命相專家之中，實際上「也不過爾爾」的人，似乎還眞不少。名畫家H先生，據說就曾經這麼說過：在花都巴黎的街上，一本正經地戴着瓜皮帽（Baret)、結着大寬領帶（Bohemien Necktie）的畫家，大都不是什麼入流的畫家。同樣的，並不是道貌岸然，穿着長袍馬掛、手撫長鬚、說得頭頭是道的相士，就是什麼活神仙。

姑且不論其他的，單就外觀來說，舉凡外表能夠予人一種莊嚴肅穆感覺的人，相反的卻無眞才實學，當然，在職業命相家群中，也不乏眞正的一語判吉凶，相術奇準的眞正高人，但這種奇人却是可遇而不可求，並不是人人都能有緣參相。與其四處打聽尋覓此等高人，倒不如由您自己冷靜沈着地爲自己占卜未來的吉凶禍福，可能更實在些，您說是嗎？

可別認為道貌岸然，垂鬚至膝的相士都是神算家

減少人生犯錯的方法

所謂「算命」、「占卜」、「問卦」，是指揭露剖析「通過內面而却沒有表徵在外面」的心理。簡而言之，就是預見未來的技術。

古來的俗諺也常說：「吉凶未卜」、「前途莫測」、「下一步不知如何走」之類，對未知數的將來充滿迷惘，連下一步都不知應如何走。一小時後、一天後、一個月後，或一年後的事情，用尋常的方法就更不可能預見了。不過，話說回來，只要是生活在同樣的環境下，無重大改變的話，那麼依常識判斷，短時間內的將來可能發生之事情，還是有辦法可以預見得到。

但是，人的一生，總是會有依常理或普通的

常識所無法預料得到的微妙性事件發生。例如：回顧您以往的人生，至今爲止，是否無論什麼時候，你都沒有躊躇不決、不知應該怎麼辦才好的偶發事件出現嗎？

大概只有幾近聖賢的偉大英雄，或者是像白痴那樣的人物，才會說他這一生中，都沒有需要下決斷的時候，一生都順理成章，通行無阻。像我們這些平凡的一群，經常是在迷失中判斷錯誤，而備嘗失敗的教訓。就像打棒球也免不了失誤一般，唯有失誤較少的一方才能得勝，我深信，可能的範圍內，在人生每一處每一個的駐足點上，把錯誤減少到最低限度，這才是邁向幸福，成功之道的最先決條件。

應用本身的預知潛能

每種動物身上，都具有所謂的預知本能。例如：我們不是經常可以聽到，老鼠決不會爬上將會沈沒的船艙之傳說嗎？

我自己本身在小時候也有同樣的經驗，從前鄉下的穀倉，經常會有專以老鼠爲食物的蛇伏居其間。如果這些蛇突然失踪，就是失火的前兆，農人們對這類事情都耳熟能詳，我也親自目睹過這種事。

動物具有避難的本能，能夠自然而然地了悟卽將降臨在牠們身上的災禍，而在事前逃離險區。人類同樣也具有這種潛能，但因爲在日常生活上，並不眞正需要應用到這項潛能，終於逐漸退化而磨滅。

但是此種預知本能，有時候却常出現於目前的常識或領悟力，所完全無法解釋的場合中，例如戰爭等就是個例子。就拿前次的世界大戰來說吧！後方艱苦的生活自不待言，最前綫士兵們在戰壕、防空洞的戰地起居，幾乎和原始時代的穴居生活毫無兩樣。

無論人類文明如何地發達，一旦淪落至此種原始環境的時候，其心境大概也與原始人相差無幾吧！進一步說，這就像雌性和雄性的動物一般，除了食慾，針對無法滿足的慾望而引起的單純的性意識，以及永遠都欲保護自己的自衞本能外，根本毫無其他奢求。

我也經常遇到一些在二次大戰中九死一生大難不死的人士。這些刼後餘生的人，也大都有那麼一點所謂「未卜先知」的微妙感覺，使他們得以在微妙的瞬間，飛越了災厄而倖存。

在那種原始性的環境中，不斷在生死存亡的一綫間掙扎求生，於是不覺地喚醒了人類長久埋沒的預知本能，這是理所當然的結果，不足爲奇。據那些死裏逃生的人說，他們也能事先預知某位戰友卽將陣亡。因此我們或許可以說，這種預知本能，甚至也能影響到他人的命運，把這種預知本能活用到平常生活中，就是占卜。

占卜時也不可忘記運用常識

如果過份地依賴此種預知本能的話，在某種程度上，是相當危險的一件事。

自幼就對某種事物累積下豐富經驗的人，大都能運用他們敏銳的感覺，迅速地下判斷，而能夠得心應手，料事如神。但是，這種經驗式的敏銳判斷力，有時候，却會招致無法挽回的慘敗。這大概是因爲囿於狹窄的視野，無法去應付新情勢的變化，所導致的不幸後果。

相對地，那些大學畢業踏出社會創業的年輕人，最初雖不見得，個個料事如神、稱心如意，但也不致於脫離目標太遠。這也許是他們經由教育的薰陶，而具備常識、教養的關係吧！這些人會在不知不覺中，像漩渦的旋轉一般，逐漸地邁向核心部份。

占卜，有不少是以預知本能爲中心，利用感覺爲輔。如果過於脫離常識、經驗的世界，無疑是一件相當危險的事。

對於未知世界，以常識來判斷可得百分之九十幾的概率，而其他無法解決的部份，以占卜來分析，才是未來占卜的眞正使命。

2 易卦指示人生的波瀾

占卜的兩大主流——相學和易卦

目前在我國開館設壇爲人占卜相命所使用的方式，不下五、六十種。例如易卦、四柱推命、命名寶鑑、九星術、天文術、手相、面相、墨色判斷等等，眞是洋洋大觀，不勝枚舉，其中，相學和易卦是諸算命占卜法的兩大主流。

相學又可分爲面相或手相等，分類精細，而其最主要的理論，則不外乎以形之於外的徵象，來判斷一個人的命運。這種算命法，是累積人類數千年經驗智慧的結晶而成的統計大成。也就是以表現於顏面、手上特徵的不同而下判斷的比較論。在這裏面不但有統計學的大成，同時也適用於概率法則。

例如，對人笑臉相迎、和顏悅色，必予人深刻的好感。親切柔和地與人交談，總比尖聲大吼，來得讓人感受溫馨。穩重踏實的步伐，也必定比蹦蹦跳跳的輕浮樣，來得使人對您更產生信賴和信用感。

因此，從相學上來預言一個人的命運，也是相當富饒趣味，但本書僅就更高深層次命相學的易占方面來探討個人未來的命運。

「易經」和易占

由於易占這學問，是艱澀難解的高深哲理，所以一直都被視為普通人所無法一窺究竟的專門性命相術。這艱澀難解的學問，就是中國人視之為聖典一般的「易經」。遵循「易經」的剖示，而用之於占卦就是「易占」。易占自古以來被視之為相命學的執牛耳者，同時也被中國人尊為「帝王之學」。東洋流的相命術之中，足資世人信賴的，大都是由「易占」繁衍分支而來。

那麼，易占又是如何創作誕生的呢？人類文明的四大發祥地，早已經科學家們下了定論，那就是埃及的尼羅河流域，中東的底格里斯、幼發拉底河河畔、印度的恒河流域、中國的黃河流域。而在這世界四大文明發祥地形成之前，人類可能都在高原地區逐水草而居，過着流浪般地游牧生活，這種理論，在學術界幾乎已被論定。

易占的最古老始祖原型，就是所謂的「連山易」。這是中國人在山洞中過着穴居生活，依賴狩獵度日的遠古時期，所發展出來的占卜之術。

其後，隨着時代的演進，漢民族的祖先聚集於黃河流域，開始經營農耕生活的時代中，又創造出「歸藏易」的占卜術。

目前可以肯定這兩種易經的原型，曾經存在過，但其內容却早已失傳。現存的易經，是大約三千年前所完成的「周易」。現在一般人所說的「易」或「易經」，就是指「周易」而言。周朝時，文字的體系已經完成，能夠普遍的在同階層中廣泛地被使用，因此周易才得以流傳至二十世紀的現代。

當時的中國帝王，所面臨的一個最切身的重大政策，是如何在天災地變、飢饉、以及戰亂等天災人禍之中，保護自己國內的人民。雖然有許多禍害是無法避免的，但是歷代的帝王也竭盡心智，運用當時所能想到的最上策來解決問題。例如利用疏導治水工事來防患水災，建築「萬里長城」來防止北方胡人入侵等等。「周易」就是當時帝王施政時的預測手段，換句話說，「周易」是以預知天變地異之術而發達的占卜學。

從周朝至今三千多年的久遠時日裏，周易之所以被尊奉爲帝王之學，正由於周易的訓示，是順應天地自然的法則，聚積經驗之大成的一門學問，在個人方面可做爲防身術，對君主而言，它又是治國平天下決策的泉源。因此周易能夠經數千年的歲月而歷久彌新。

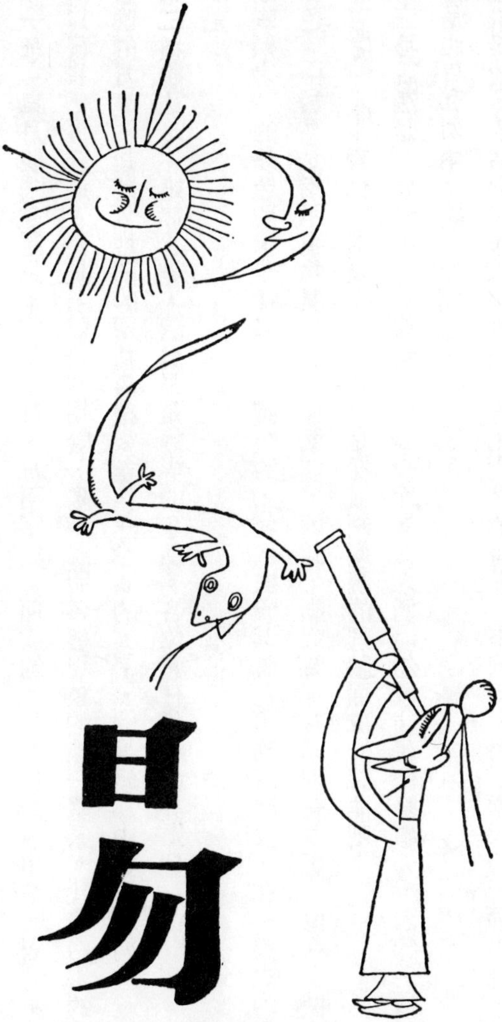

易字起源的說法有三種

也許大家對「易」這個字的起源感到好奇。

「易」字起源的論點有三種。

第一種「日月說」，認爲易字是由日、月兩字組合而成的。易占也是運用陰、陽的組合來發展，這以後我們再詳述，但是易經是利用陰、陽來說明各種現象的整一體系。代表白晝的太陽和代表夜晚的月亮，以此天地間的兩種象徵來創作一個新的文字，倒是頗爲中肯的理論。

第二種說法是「蜥蜴說」，認爲易是蜥蜴的象徵。各位可仔細地端詳這個「易」字，還眞象隻蜥蜴呢！

蜥蜴類之一的變色龍，是種具有保護色的動物，據說其體色可隨着時辰，在一天之內變化十二次體色。由於易是指示事物變化的一種機能，因此，蜥蜴說亦有其理論基礎。易在英語中謂之「Change」——變化、改變——也許就是採取蜥蜴說的理論而成的譯語吧！

第三種說法是「觀測說」。仰視「日象」而教誨人們「勿做什麼什麼事」，因此，這種說法認爲易是由日和勿兩字組合而成的。

也就是說，人淸晨早起仰望天空，經由天氣的情況，來判斷、決定當天的行動方針，易字就是由此而產生的一個字。

易字來源的理論，究竟孰是孰非，姑且不論，不過，另一方面「易」字也代表簡單、容易的意思。因此，我們也可以說，「易」字代表人類期待人生的旅程安然無恙，永遠避開災厄的願望吧！

從盛開的繁花中透視嚴冬枯木的能力

既然易經是濟世治國，判吉凶、避禍端的先聖絕學，爲什麼易占至今仍受到誤解、輕蔑，甚至於排斥呢？

理由之一是，以往從事易占的人，就像俗諺所云：「讀論語者不知論語」的比喩一般，也許他們無法完全透徹地理解「易經」的眞髓所在，一知半解地信口雌黃，致遭人非議。

另一方面，將易實際應用於占卜的場合，就如同我們經常可在街頭巷尾的小相命攤上所見的一般，都是使用竹籤（筮竹）來占卜，或許也因爲這種形象，使人覺得易占和面相或手相不同，幾乎沒什麼神秘性、信賴性存在，所以易占才一直受到誤解和輕視吧！

在佛教的般若心經之中，有「色卽是空、空卽是色」的說法。卽使我們割開樹木的冬芽，也找不出花的形相。另一方面，在百花盛開的春天，也無法想像出嚴冬枯木的景象，這些都是依據天體的運行、四季的推移，而在大自然中形成的流轉，簡單地說，這就是所謂的「天時」。只要

易占就是在嚴冬可透視春天的繁花綠葉

遭逢「天時」到來，自然會開出美麗的花朵，也會綻放綠油油的樹葉。

就某方面的意義而言，易占就是預見「天時」的技術。也就是在嚴冬裏可透視春天的繁花綠葉，在萬花叢中預測嚴冬時枯樹死寂的技術。在春天賞花時大談冬天的枯樹，大概會使旁人感到納悶不解吧！

英國大詩人雪萊於其名詩「在春天」之中曾有「嚴冬來臨的話，則春天已不遠矣」的名句，從這句名詩中，我們可以看出人類原始赤裸的希求，無論古今中外，都是人同此心、心同此理。

易占是近視者的眼鏡

人生的旅途中，其境遇有如山如河般的起伏

。有時候我們清晰地眺望遠山，但却沒注意到咫尺前的泥濘。

所謂易占，是指卽使您所看不見的微小泥坑，也會淸晰地提醒您留心。就算無法移動橫在眼前的泥坑，但至少能使您跨過泥坑，不必汚染雙脚。但能否接受易占的忠告，去實行或者去躲避，則視個人的智慧和修爲。

我們常說人生有浪濤，的確是有這囘事。依各人本命強弱之不同，有人會遭遇滔天巨浪，有些幸福的人，則最多也只不過是碰上小風小浪而已。萬一，您陷於浪濤中，愈是掙扎，將是徒然消耗體力，也愈容易被大海浪所呑沒而不得逃脫。假如正當您在波濤洶湧的大海中浮沈時，卽使有那麼一小片的木板可讓您依恃，使您得以託身於它，暫時調整您的呼吸、儲備體力，等候救援時機的來到，您就有辦法利用下一次大浪，輕鬆地飄向陸地，逃出險境。因爲在運氣不好的倒楣時期，如能保持精力，蓄勢待發的話，當下一次的機會來臨時，必能時來運轉而大展鴻圖。

易占的功能，在另一層意義來說，大概可以比喩成波濤中的那塊救命小木板，就算我們不把易占的效用，看成驚天動地的預言，而僅當做能夠預見一、兩步前的未來，豈不也是件令人心曠神怡的事嗎？這就如同近視患者戴上眼鏡，就能眼淸目明地看淸所有事物一般。也像應用顯微鏡觀察微小的細菌一樣，望之一目了然。

活躍於現代人生活中的易占

在本書中，就可能的範圍內，我們把被某些人誤解，被某些人敬而遠之的易占，以淺顯易懂的現代語句解說，使一向被視之爲高不可攀的易占，能融合於二十世紀的現代人生活之中。以生活常識暨教養都兼具一身的您來說，只要您用心地從頭到尾詳讀本書的話，相信今後您再也用不着到處找大小相士「算命」。

當然，只要是身之爲人，不可能尋求十全十美的完善境界。更不可能一開始就獲得百分之百的命中率。但只要繼續努力、勤加練習，其命中率必會不斷地昇高，從60％到70％——80％等，愈來愈精確。

3 只要六枚銅板就能解析您的命運

使用本書的五大注意事項

首先，要劃定問題的範圍。自不可能一來就冒然地想占卜「我一生的運勢……」，這是絕

心不正則占也必誤

對禁止的。這種大問題連經驗十足的命相專家，都還無法正確地批斷！更何況初學的我們。因此，可能的話，先具體地設定身邊的事物來問卜。

以談戀愛爲例，可不能卜這種疑問：「我是不是個受男人喜歡的女孩子呢？」至少要把問題的範圍縮小到最小限度，例如：「我是否能和傅懷瀛先生結婚呢？」這樣卜出的準確性才是合理。

第二，即使是同樣地集中問題中心，仍然不可問：「我是向右轉好呢？還是向左轉好呢？」這樣地問卜法仍是不得要領。要從「往右轉的話會遭遇到什麼樣的事呢？」的角度去尋求解答，較爲具體。

如果問卜後，卻無法得到您心目中希望的答案的話，也絕不可以失望沮喪。接着再問：「如果往左走，情況又會如何呢？」再看看解答如何。

如果兩邊都得不到答案時，也千萬不可就此灰心。無妨認定「天時」未到，平心靜氣地等候時機降臨。

第三，解答的分析法。也許本書所述的，都能夠滿意地回答您的問卜，但有時候，由於問卜的方式、內容之差異，回答並不見得完全詳盡、淸晰。不過，經由持久有恒地反覆練習，您必定能夠一眼識破隱藏於解答中的眞正意義所在。

第四，到底能夠卜出未來多久以後所發生的事。起先大概能夠卜出一天、兩天以後的事物，久而久之，在鍛鍊之中，必可卜出遙遠未來的大小事情，這就看個人是否持之有恒地訓練研究。

第五，第五點是易占最爲重要的注意事項，在自己心煩氣躁的時候，絕對禁止問卜。這一點請各位讀者務必牢記在心。古代的劍聖、劍術出神入化的偉人劍俠，不是一再地告誡我們：「劍道的至極不在於技術本身，而是在於心」嗎？「心不正則劍必邪」，此言正是上述那句話意義的延伸。

同樣地，我們經由常年的經驗累積，以一顆純正眞摯的心來占卜，必定可獲得正確無誤的占卜結果。那些占卜技藝相當精鍊的術者，如果生活靡爛腐化，滿腦子光想如何賺進大把鈔票花用，那麼其人的占卜技術和批斷的精確率，必隨之急速退化，因爲「心不正、則占也必誤」。

此外，占卜的時候，以心思意欲占卜判吉凶的那一瞬間，立即問卦最爲貼切，這就是所謂的「占機」，也就是通常所謂「戰機」、「商機」或「禪機」等說法。

（天、澤、火、雷、風、水、山、地）

古代的中國人把大自然區分成八大要素

易占究竟是怎樣的東西呢

至於說易占究竟是什麼樣的東西呢？遠在周易被創作以前，卽三千多年前的遠古時代裏，當時中國人的祖先，在他們的意識中，感到最強烈印象的，大概就屬「天」和「地」。

遙遙在望的清澈天空，無垠無涯，自己脚下踏實的大地一望無際，對天底下所有人而言，天和地就是孕育世人的兩大原動力。

接着，當我們的祖先環視他們所生存的四週圍時，首先映入眼簾的巨大形象，大概首數「山」吧！無疑的，他們一方面對聳立的高山抱着無窮的希望，另一方面又對那嚴峻的雄威感到艱辛、困難、不易爲人征服。

在萬里晴空中，遊雲飄浮、陽光普照，不但輕「風」徐來，有時更會有震怒般的轟隆「雷」聲響徹大地。晴朗的天空，也會有烏雲密佈狂風暴雨肆虐的時候，降下來的雨「水」滙流爲河，形成大「澤」或許也會變成湖泊，而東流入海。

強風狂吹時，山林中樹木互相磨擦，而引發森林大火。有時更因雷電的襲擊，而使森林變成一片「火」海，恐怖而駭人。

森林大火之後，整片森林化成灰燼，逐漸融合於大地之內。而在這灰燼之中，不久之後，又會有新的生命孕育、茁壯，堅強地聳立於天地之間。

如此，萬物一代又一代，一回又一回地歷經災劫，但是同樣地生生不息，永遠的綿延下去。

對於文化未啓的原始人類而言，這些現象都是難解的天地之神秘，他們也認定了，這些全都是大自然的生命法則。

天、澤、火、雷、風、水、山、地

古代的中國人把這八大要素，視之爲支配人生和自然的基本原動力。此並非空穴來風，我們可以感受到他們對大自然的崇敬之情。這八大要素，不久之後，隨着先民智慧的演進，而用左列的文字來代表。

天	澤	火	雷	風	水	山	地
‖	‖	‖	‖	‖	‖	‖	‖
乾	兌	離	震	巽	坎	艮	坤

左右兩排文字，其意義完全相同，應可代用。

接着又演化成以象徵的「形」來表現這八大要素。那就是應用━（陽）和╍（陰）的記號來表達，例如，當欲表現「山」的時候，就使用☶的形式來表達。雖然這是樸素的觀察事物方式，但還是會讓人覺得那就是「山」。此外，「澤」以☱的形式表達。上一層下凹，又會讓人覺得是水波盪漾的樣子。

於是這八大要素終於完全定形，演變成如下的象徵。

☰……天　乾
☱……澤　兌
☲……火　離
☳……雷　震
☴……風　巽
☵……水　坎
☶……山　艮
☷……地　坤

八卦變化成六十四卦

古代的中國人把大自然劃分成八大要素。這八種形象，在易學上謂之小成八卦。但是人世間却却更加複雜，因此六十四卦就由此八卦的二組上下組合演變而成，這六十四種的卦各有其名稱。例如上卦（外卦）是☶（山），下卦（內卦）是☵（水）的話，就成爲䷃，此卦名之爲山水。

六十四卦，每卦都有內外之分。又例如上是☰（天），下也是☰（天）的話，就是「乾爲天」。這樣地將六十四卦的每一卦都賦予其特別的名稱。

六十四卦，可以從許多不同的觀點來解釋，例如䷊之形稱之爲「地天泰」。此卦首先從「泰」的意義上亦可加以解釋。同時更可以從上卦的「地」和下卦的「天」之自然現象來加以解析。更進一步的，「坤」（地）也有許多層的意義，而「乾」（天）也有許多意義，因此，經由此雙層意義的排列組合後，可以變成無數的解釋。

八卦具有何種意義呢

基本形態的小成八卦，到底包含着什麼樣的意義在內呢？我們無妨列舉幾個例子。但是，應用本書作爲占卜研究的諸位讀者，大可不必一定要熟記這些含義。理由我們於後面再說明。

☰乾（天）

○本來之形　天
○卦的意義　眞實剛健、堅強、渾圓、白。
○人際關係　父親、男子、年長之人、年長的男子、老人。
○事物形態　大河、大平原、神社、高層建築物、金屬。
○季節　晚秋～初冬
○時刻　午後九～十一時
○天候　晴、高溫

☱兌（澤）

○本來之形　澤
○卦的意義　喜悅、笑、饒舌、和、微小、中途挫折、金黃色、白
○人際關係　少女、年輕女子、女明星、朋友
○事物形態　山谷、容器、硬土、口
○季節　秋天

○時刻　午後九時
○天氣　多雲

☲離（火）
○本來之形　火
○卦的意義　太陽、熱、激烈、明智、美麗、光亮、目的、紅、紫
○人際關係　女性、美人、中女（既非長女亦非么女之女性）
○事物形態　公文、書信、電爐、服飾用品、爐灶
○季節　夏天
○時刻　正午
○天候　晴

☳震（雷）
○本來之形　雷
○卦的意義　勉勵、決斷、成功、飛行、聲音、音樂

○人際關係　長男、兒子、兄長、愛情不專的男女、神經質

○事物形態　木、竹、車、電話、棋子、戲劇、節目、靑、綠

○季節　春天

○時刻　早上五時

○天候　晴

☴巽（風）

○本來之形　風

○卦的意義　出入、不果斷、氣味、故事、長、端正齊備、服從遵循、呼叫

○人際關係　長女、女性、太太、商人

○事物形態　草木、種子、家、針、綫、紙、桌子、工藝品、靑、綠、白

○季節　晚春～初夏

○時刻　早上七點～九點

○天候　強風、無雨

☵坎（水）
○本來之形　水
○卦的意義　墜入、智慧、法律、煩惱、困難、障礙、繁忙、洞穴、廻轉、黑
○人際關係　年輕男子、狡滑、盜賊、勞碌命的人
○事物形態　酒、藥、毒、冰、血、飲料、泉水、車
○季節　冬天
○時刻　午夜十二點
○天候　雨、雪

☶艮（山）
○本來之形　山
○卦的意義　靜止、駐留停止、頑固、認眞、獨立、拒絕
○人際關係　少年、青年
○事物形態　家、桌子、門、丘陵、城、墳墓、小徑、頭、黃色、土色
○季節　早春

○時刻　早上一時～二時
○天候　多雲

☷坤（地）
○本來之形　地
○卦的意義　順從、溫柔、寧靜、堅厚、虛、謙讓、疑惑、黃色、土色
○人際關係　母親、民衆、全身、親屬、妻子、屬下、晚輩
○物體形態　地板、布料、鄉下、食物
○季節　晚夏～初秋
○時刻　午後一時半～四時半
○天候　多雲、小雨

換句話說，這八卦包含如上所述的各種意義。而且，上述的只是其中一小部份的意義而已。我們可以說八卦中各卦所代表的含義，幾乎可以有無限多種解釋。

六十四卦的解析法

前面我們早已說過，六十四卦有許多層次的意義隱藏着。那麼，此六十四種人生面貌又如何來解釋呢？這就是易占的本質。其中也同時具有易占的艱深性和無窮的趣味性。易卜者之所以被訓練成具有易占的人生經驗，感受性、常識、教養於一身，其道理就在此。解釋各卦的方式，除了從字面上來分析之外，也須要從形狀上來判讀解析。也有的須要從反面上解答，或僅取中間部份來分析該卦的意義。

那麼易卦的初學者，究竟應該從哪方面着手才是可循之道呢？讓我們再來整理一次六十四卦的批卦法，做爲大家的參考。

①請您仔細地考慮，自己究竟是想占卜什麼。

②首先得了解卦象的全盤意義。

③不要三心兩意，僅找出針對問題的合適答案卽可。

④兩組小成八卦中含有許多意義在內，此時，要順應該問題的性質，分析其組合後的眞正意義。不過，在初學的時候，最好先別考慮這些。因爲想要應用這些排列組合，先得具備極

高深的技術和經驗修爲。

我們無妨舉個例子來說明。假設占卜後的結果是「風雷益」。請詳閱169頁有關本卦的解說。就您的職業運來說，這是個上上卦。此卦之象爲公益優先，也就是說不僅爲自己的利益着想而已，爲服務人群而努力不懈的話，自己也同樣的會因此而致利，只要積極地去做，必有相當令人滿意的結果。

接着，讓我們分別來看看小成八卦的上、下卦又分別做何種解釋。下側的「震」表示積極邁進的心緒，上側的「巽」則是面向我方召喚的意思。可以看出這正是表示雙方意氣投合的現象。但僅只是提出這兩種解釋，仍須要有高深的技術和修養。「震」是表現決斷，而「巽」却是不決斷的表現，同時震也表示「聲音」，而巽却表現「氣味」。就結婚而言，「益」當然包含相當佳運的意思。此時，震也含有「長男」、「巽」則隱含「長女」之象。當然也並不是說，此卦就一定代表着長男和長女結婚。假如您所求卦的是「結婚的話好不好呢？」而獲得的解答是風雷益，那麼此「益」卦的答案，就表示若結婚的話，必然會很「幸福」。

接着，我們從事業運的觀點來分析「風火鼎」的卦象又代表着什麼意義。（詳解請見197頁的解析）。此卦全體的含意爲「三者鼎立」、三重唱、自己的地位穩固。這正是您得到有力的協助者，或合衆人之力、同舟共濟而獲得幸運的卦象。從小成八卦上包含的意義來解釋的話，上側的

「離」的火如想燃燒旺盛的話，則一定需要下側「巽」中的風和草木。可以看出，這是彼此合作協助的最良好運勢。但是能看出這樣的含意，也是相當困難。另一方面，此卦中的「離」表示中女（非長女亦非么女），「巽」則表示長女，這對事業運並無絲毫的影響或關聯，因此，大可不用加以考慮。

所以說，在解釋小成八卦的排列組合上，一方面是「春」，另一方面則是「夏」，在分析方面，是件相當困難的事情。假如在占卜結婚運的時候，上卦是少年、下卦却是老人的話，簡直令人啼笑皆非，毫無頭緒可尋。

如上所述，如果針對每一種問題，來解決小成八卦所排列組合之意義的話，至少得編成一本「易卦百科事典」。因此，本書僅將六十四卦中所包含的各種含意，予以濃縮並做最簡單的說明。當然，其中最重要的是，我們也網羅了各卦最根本的意義。對初學易卦的您而言，我認爲這些已經是綽綽有餘。

最簡易的占卜法

正式以易來占卜時，一定要用筮竹，然後將算木置於筮竹所顯示的位置上來批卦，本書則不

應用這些道具，但我們將介紹大家，同樣可獲得正式判斷的占卜方法。不過，我們仍然簡單敘述正式的占卜方法是怎麼做。使用「筮竹」雖也有各種方式，但是其中有一種「略筮」，則是最常使用。筮竹由50根竹片所組成，長度大約從二十四公分到四十五公分之間。首先從50根竹片中抽出一片，放置於桌上，將剩餘的四十九片或扇狀地攤開，並凝神將竹片區分成兩堆。

然後從右手的竹堆中拿出一片，移到左手的竹堆中。左手堆加入這一片後，逐次拿走八片。最後剩下的，必然是從一至八的數目，此數目正好對應八卦的數目。也是一等於天、二—澤、三—火、四—雷、五—風、六—水、七—山、八—地。例如最後剩下三根的話，那就是「火」（☲）。此卦利用「算木」置於桌上。

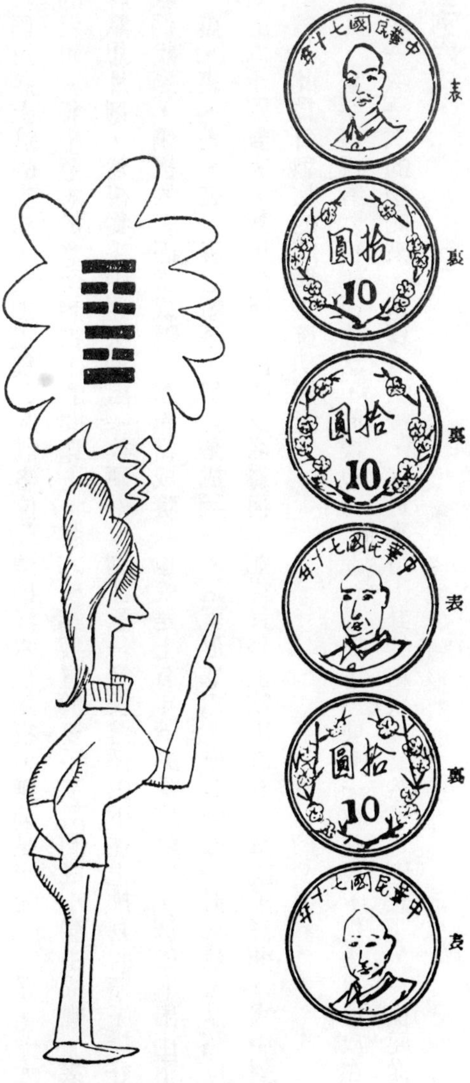

硬幣上寫著年號的當成裡面(陰=▬ ▬)

所謂算木是指六塊木片而言。每塊木片各有四面。兩面爲陽||一，兩面爲陰||--。一代表陽、--代表陰。

下卦卜出之後，再使用筮竹，重新再卜一次，同樣把第二次所卜的結果，以算木排於下卦之上。如第二次剩餘四根的話，那就是☳（雷）。則我們所卜出的卦，就是「雷火豐」。

我們可將上述的方法，更加以簡化。請各位先準備好六枚銅板，無論是十元、五元、一元或五角的皆可。集中意志於您所想占卜的問題上，將六枚銅板置於雙手掌所圈成小圈中搖幌，接着請凝神默思片刻，然後從手中逐次抽出一枚硬幣，請注意一定要遵循由下往上排列的順序排好。

我們說過，銅板的表面當成陽，裏面當成陰（也就是上有年號的當成陰）。例如卜出由下而上表、裏、裏、表、表、裏之順序，那就是成䷐。這就形成六十四卦中的一卦。然後請諸位參照下頁的六十四卦表，找出您所卜出的卦名爲何，並從目錄上找出該卦的解說，詳閱本書中對該卦的解釋，此爲針對您的問題之確切解說。

假如，您手邊沒有六枚銅板的話，同樣也可以進行易卦，只要有一枚銅板，仍然可以放在手中搖幌，一次一次的翻開來，重覆六次後，就可獲得卜卦的結果。當然，可別忘了，一樣要從下往上排列六次。

地	山	水	風	雷
☷	☶	☵	☴	☳
地天泰（七九）	山天大畜（一二七）	水天需（六二）	風天小畜（七四）	雷天大壯（一四七）
地澤臨（一〇七）	山澤損（一六七）	水澤節（二三〇）	風澤中孚（二三三）	雷澤歸妹（二〇五）
地火明夷（一五三）	山火賁（一一四）	水火既濟（二三八）	風火家人（一五六）	雷火豐（二〇六）
地雷復（一二〇）	山雷頤（一三〇）	水雷屯（五四）	風雷益（一六九）	震為雷（一九九）
地風升（一八二）	山風蠱（一〇三）	水風井（一九〇）	巽為風（二二三）	雷風恒（一四二）
地水師（六八）	山水蒙（五七）	坎為水（一三五）	風水渙（二一八）	雷水解（一六四）
地山謙（九二）	艮為山（二〇一）	水山蹇（一六〇）	風山漸（二〇三）	雷山小過（二三六）
坤為地（五二）	山地剝（一一七）	水地比（七一）	風地觀（一〇九）	雷地豫（九六）

下卦＼上卦		天 ☰	澤 ☱	火 ☲
天	☰	乾為天（五〇）	澤天夬（一七二）	火天大有（九〇）
澤	☱	天澤履（七七）	兌為澤（二二五）	火澤睽（一五八）
火	☲	天火同人（八六）	澤火革（一九四）	離為火（一三八）
雷	☳	天雷无妄（一二四）	澤雷隨（一〇〇）	火雷噬嗑（一一一）
風	☴	天風姤（一七七）	澤風大過（一三三）	火風鼎（一九七）
水	☵	天水訟（六五）	澤水困（一八七）	火水未濟（二三〇）
山	☶	天山遯（一四五）	澤山咸（一四〇）	火山旅（二〇九）
地	☷	天地否（八三）	澤地萃（一七九）	火地晉（一四九）

二、預知前途的方法

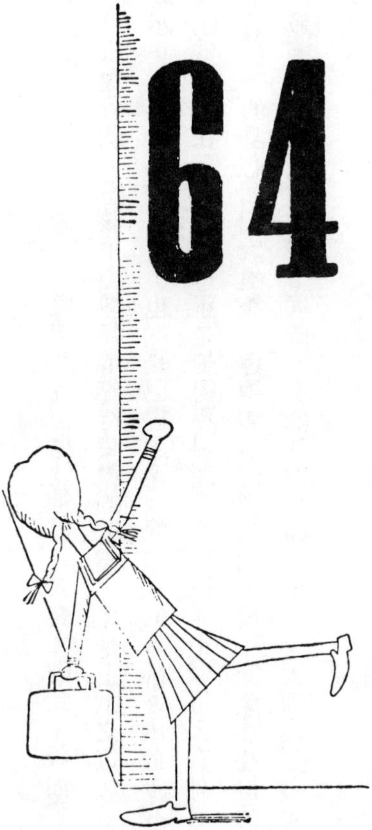

1 ䷀ 飛躍過高的龍（乾爲天）

只要一看本卦的形狀，就已知道本卦全屬於陽，「陽」是男性的象徵。在「易經」中，把本卦比喻爲充滿活力的天龍。

本卦顯示「飛躍過高的龍只有墜落一途」。換句話說，也就是虛有其表。因此，假如您卜出此卦的話，處理萬事切不可焦燥着急。應該平心靜氣地等待時機的來臨，才是上上之策。

另外，此卦也大都暗示正值壯年期的男性，也就是已經到達登峰造極的年齡。因此，在社會性的立場而言，不但是責任重大，在工作方面也正是忙得不可開交的時候。不僅每天在外，緊張忙碌，不斷工作，而且拖着疲憊的身心回到家裏後，還得考慮怎樣盡到負擔一家大小生計的責任，這大概就是中年男性們最感吃力的苦差事吧！同時此卦的缺點也顯示出，一天到晚盡心盡力地窮忙，但收入却並不見增加。

假如您是男性的話，很遺憾的，目前並不是您可以尋歡作樂的舒服日子。首先，您必須把全副精神放在工作上——不，或許實際上，現在您正忙得不可開交，大概連睡覺的時間都沒有，更遑論什麼尋歡作樂了。假如您是女性的話，更是典型的M型婦女。所謂M型的婦女，就是一天到晚光去忙着外頭的事業，而無法專心照料家務的女人。

此卦另一方面含有「堅定」的意思在內。是有志從事警務工作、法律工作及參加考試者的上

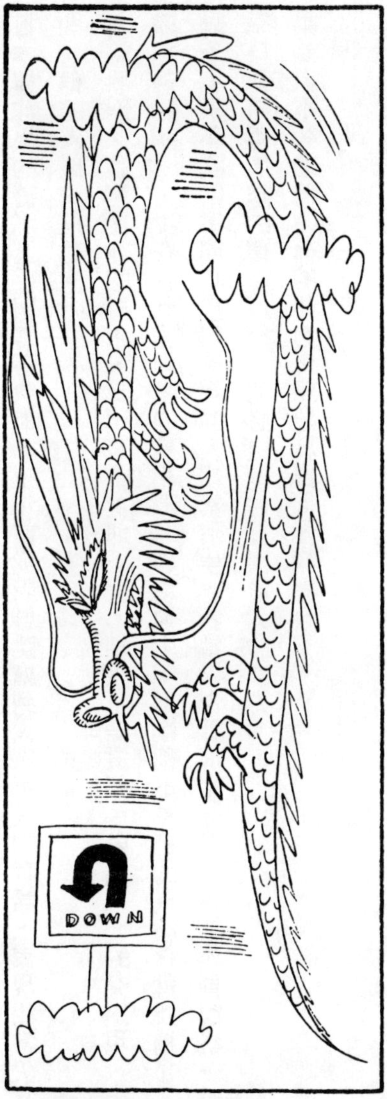

飛躍過高的龍，只有墜落一途

上卦。

日本棒球界的著名選手田宮謙次郎，三年前從阪神跳槽到大安不久的時候，表現相當失常，很令關心他的人感到躭心。

當時我應某體育記者的要求，爲田宮謙次郎卜卦。結果正是這個「乾爲天」的卦出現，表示「飛躍過高的龍」，現在正到達緊張的最極限。因爲他上年度剛創下卓越的成績後就跳槽了。不但精神上極爲不安定，同時也與周圍的人相當陌生。我當場告訴那位記者：「請您再觀察一段時間。一旦他熟悉周圍的環境以後，他必定能夠發揮最大的威力。」

果然，不久之後，他的能力又開始發揮得淋漓盡致了。

2 ䷁ 溫馴的牝馬（坤爲地）

從圖形上可看出，本卦全屬於陰。「陰」是女性的象徵，如果能像溫馴的牝馬一樣，柔順地護守自己的路途，不久之後，立刻會開拓出一條光明燦爛的大道。在這種情況下，凡事一定要忍耐，絕不可負氣爭執，以免惹禍上身。就像我們日常上下班等候公車一般，送走一班擁擠的公車後，想不到竟來了一班空車。前面的「乾爲天」是代表男性的壯年期，相反的，本卦却是顯示典型的女性之柔順性格。

女人的外表溫柔順服，卽使在內心裏，他們也不斷地追尋能夠體認出她們柔順的男人爲伴。女人的一生，敬愛她們慈祥和靄胸懷開濶的父親，尋求能讓她信賴，能使她一輩子生活在幸福中的男人，同時又把希望寄託在堅強而又努力上進的兒子身上。此卦顯示出在無意識中，想要表達出女性的溫柔。

因此，最重要的是，凡事都有需遵從年長者的意見，並且恪遵他們的教導。也就是說，要能受用於人，凡事受命而行動，才是大吉大利之道。在婚事受到雙方父母阻礙，徬徨無助時，最常出現此卦。因爲這也正是雙方三心兩意，欠缺主動與積極性的時候。這種情況下，要謙心的徵詢長者的意見，才是正確的做法。

如果您是男性的話，是個眞誠實在的人，但在內心底，却還不大可靠。因爲體內的女性荷爾蒙似乎過多，如果您是女性的話，一定是個標準型溫柔賢慧的好太太，也是個令人羨慕的好媽媽。

有一位在台北擁有一家大貿易公司的老板，他在甄選新職員的時候，曾來找我洽商。當時他要我爲他占卜其中一個應徵者，結果卜出的正是此卦。

我告訴他：

「這個人非常的老實，絕不會要陰狠狡詐，也不擅長於社交活動，不適於擔任外務工作。如果從事純實內向的職務，例如倉庫管理，或者是負責收發貨品的工作，應該是相當適任。」

這位老板依照我所說的，任用了那位職員，後來據說那位新進職員不但勝任愉快，而且成績斐然。

3 ䷂ 冰雪中的嫩芽（水雷屯）

屯、元亨利貞，勿用，有攸往，利建侯。

「序卦傳」上說：「有天地，然後萬物生焉，盈天地之間者，唯萬物；故受之以屯，屯者物之始生也。」屯的原義是草木於土地上萌芽生根，含有生命開始綻放的意義。草木始生，充滿着生機，但是另一方面，生命的始現，相當的艱辛困難。所以此卦一方面有充滿、充實的意義，另外同時也有生長時艱難和停頓的含意。在六十四卦當中，有所謂的「四大難卦」，本卦就是四大難卦之一。嚴格的說來，水雷屯並不是可喜的良卦。

前已說過，本卦也顯示出，「卽使處身於煩惱中，仍須抱着希望，等待機會的來臨」之意。就如同在雪地中出生的嫩芽堅強地支撐着，靜待冰雪融化一般。因此在維艱的時期中，假如心慌意亂地盲目前進的話，在千辛萬苦中萌放的新生命，或許因晚霜餘雪的摧殘，而終受凍死亡。所以此卦告訴我們，現在不是往前猛進的時候。

不過，當草木渡過嚴冬之後，就堅定的成長，冬去春來，逐漸茁壯，欣欣向榮。

以工作方面而言，自立創業的人士，目前正值剛開張不久的時期。在創業維艱的初期，首先最重要的是要派任值得信賴的部下，相當經理或各課課長，爲公司內部樹立良好的制度，才是當務之急。如果莽撞地急着拓展業務，說不定會招致倒閉的後果。

以卦形而言，水雷屯的下卦「震」，象徵「雷」，其作用是「動」，上卦爲「坎」，象徵水、雪雨，其作用是陷、險。全卦表示天地間始創萬物時的艱難和危險。卜得此卦時，卽使有極大的目的或希望，但由於四周全都是對你不利的狀況，事情的進展絕無法如想像中順利，但同樣的也絕不可放棄希望。

因爲只要靜待時機，鍥而不捨地繼續邁進，就能奠定身爲公侯將相的基礎，所以才有「有攸往、利建侯」的說法。因此，您無論擁有什麼樣的計劃、腹案，不可以放棄，因爲計劃並沒有錯誤。只是目前，正當您想開始做什麼事的時候，必將遭受四面八方的責難，與群起的杯葛。所以也不可求助朋友、後輩的協力，因爲說不定他們正是想找您麻煩的人。

總而言之，出現此卦時，正是災難重重的多事之秋，假如能夠在往後的半年左右期間內，忍耐又努力的話，煩惱將自然消解而逝，且必會遇到轉機的「天時」。情況好的話或許四個月後就有令人鼓舞的希望。

假如是占卜結婚，本卦是屬於停頓、擱淺的意思，目前絕不可能那麼快就結婚。不過，忍耐四、五個月或半年左右，大概就能夠和心目中的他（她）走向地毯的那一端！

我曾在西元一九七一年，爲某雜誌社的四月第一週號週刊雜誌，占卜了一位歐陽先生的運勢。

當時占卜的結果就是水雷屯。從此卦可看出當時他正處於煩惱之中，但是此卦代表草木的嫩芽在雪地中等待早春的姿態，雖然艱苦，却是仍然抱着希望，靜待春暖的冰雪融化。「屯」是己方雖有前進行動的意志，但另一方却身處無法動彈，受到阻礙的困境之中，因此，除非當事人雙方都感到絕望而放棄，否則還是耐心的等待，較有圓滿的結局。

我對此卦的解釋如下：「今年是對他精神考驗的一年，也是多事之秋，如果能忍耐往後的四個月到半年之間，全力努力以赴，必可獲得好轉的良機」。

當時此卦是在三月五日占卜所得結果，而他與同事美玉小姐兩人的感情急速地發展成最親密的關係，却是八月份以後的事。

4 ䷃ 居於陰暗屋中的孩童（山水蒙）

「蒙，亨。匪我求童蒙，童蒙求我。初筮告，再三瀆，瀆則不告、利貞。」

蒙是幼稚、蒙昧、模糊之意。另外，從「蒙」的字形上來看，也可一目了然，是個草頭冠下面再加一個家。在遠古時代，先民在地上掘穴、立以柱子，再以茅草等當成屋頂，而成爲住家，蒙就是遠古時代屋宇的形狀。也是在陰暗的穴屋中，父母親養育嬰孩的地方。

因此，此卦又有年輕、兒童，或即將發展的人等等意義，當萬物成長之後，接踵而來的就是幼稚、無知蒙昧的時期，所以需要教育他們。經由教育，把人類從無知中誘導出來，就是「啓蒙」，所以說，把教育名之爲啓蒙，原本的出處還是來自於易經。

話說回來，並非只有中國人或東方人才體認「易經」存在的偉大價值。例如赫曼海斯在其「玻璃珠遊戲」一書中，就尊崇易經是「人世間最高的智慧結晶」。在那本書中，他對「蒙」字有如下的敍述。

有位名叫約瑟夫・克萊亨的青年，前往隱者的竹林小庵裏去拜訪隱者，他請求隱者收他爲徒，隱者就問他：

「你在此地逗留期間，是否願以順從爲絕對信奉的宗旨，是否有著如鯉魚般沈着肅穆以求道的的覺悟呢？」

「有！」

約瑟夫如此回答，於是隱者答應他：

「好吧！那我就用筮竹來求教神旨的指示吧！」

「此卦是『蒙』，也是表示青年愚昧無知的卦。蒙卦的上卦『艮』，象徵山、下卦『坎』，象徵水，在山下流出潺潺的泉水，猶如青年正踏出人生第一步。」

「青年的愚昧亦能夠有所成就，

並非我去求教年輕愚昧的人，

而是年輕愚昧的人求教於我，

在最初的神旨之下，我教導他，

他如果再度騷擾我，就是冒犯，冒犯的話，我就不再教導他，

唯有堅忍到底才能有所進步」

以上的文字，是由德文直譯而來，但「蒙」的卦辭原文則是如此的：

「蒙、亨。匪我求童蒙，童蒙求我。初筮告，再三瀆，瀆則不告。利貞。」

赫曼海斯的德文語譯，很能掌握住易經原文的神韻。約瑟夫就此拜在竹林隱者門下爲徒，他在竹林內逗留數月，一再地摹臨六十四卦形，並熟記背誦卦辭，又研讀古來的譯註書籍，最後終於悟出易經的眞道。

「山水蒙」的下卦「坎」代表水、險，上卦「艮」象徵山，有「止」的意思。所以綜合地說，是山下有險、昏蒙的場所。下卦險、上卦止，象徵內心恐懼，對外抗拒，也就是幼稚愚昧，所以才叫「蒙」。

此蒙卦的運氣，在開始時並不順利，但正如同山下的泉水般，初則涓涓細流，最後滙聚爲滔滔大江河，所以只要努力以赴，勇往邁進的話，愈往前行，愈有更好的福運在等候着您。不過，另一方面，也如同在濃霧中探索前進一樣，不知道何時是否會被什麼東西絆倒而功虧一簣。因此盡可能地整理自己身邊的事物，輕輕鬆鬆了無牽掛地較爲保險。

在事業方面，目前正値公司內部關係黑暗，四處碰壁的時候，年輕人雖在此卦顯示之下，前途大有可爲，但如果過於顯露鋒芒的話，可能會遭遇到正面衝突的危險。

目前身邊的事物，經常是事與願違較多，而且在日常生活及手邊的瑣事方面，常常莫名其妙地用去大把鈔票，也不知花在什麼地方。目前也不適合論及婚嫁，不過先下聘訂婚倒還是沒問題。男性遇到此卦時，四周大都是險阻多難，正需要他人鼎力協助的時期。但由於並不適宜結婚，所以如能找到能夠照顧自己生活的人，則情況會逐漸好轉。

從事學問上研究的男女，如卜得此卦，則男女皆是大吉大利的上上卦，將來必成爲各專門學問的執牛耳人物。因爲前面已說明過，此卦是代表兒童，或從此鴻圖大展的人。

遺失東西時，如果是放置於容易找出的場所，只是一時迷糊想不出來的話，也常出現此卦，這表示不久後立刻可找出。但假如是被偷或掉落，也會出現此卦，那表示被偷的東西至少在短期間內不可能找到。我們常由於粗心大意，把重要的東西，和其他雜物混在一起，而遍尋不着，此時最易出現「山水蒙」這一卦。

筆者本身，經常把珍貴的占例做成筆記，記錄於備忘錄內。某次由於客人來訪，我略把那些筆記整理一番，匆忙間把這本珍貴的筆記混雜於其他大堆的筆記和書堆內，俟我日後想找出當資料應用時，卻無論如何也找不着。

我卜卦的結果，出現的正是這「蒙卦」。直到現在我還是沒能找出那本筆記，或許到年終大掃除的時候，再詳細找找看吧。

5 ䷄ 等待渡船的人（水天需）

卦辭：「需有孚，光亨，貞吉。利涉大川。」

序卦傳：「物穉不可不養也，故受之以需，需者飲食之進也。」換句話說，童蒙——年幼者不可不養，養則「需」，需就是維持生命必需的飲食。

另外，「需」也是期待、等待的意思。心胸

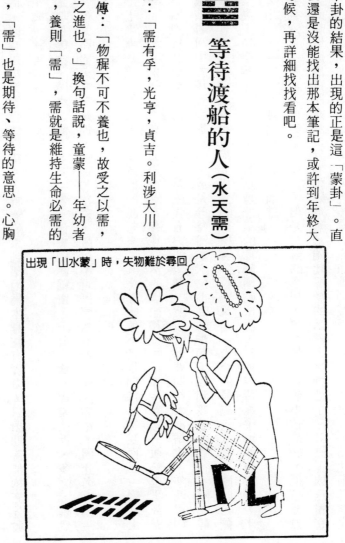

暢快地生活，同時以快樂的心情期待「天時」的來到。因爲本身擁有實力，只須期待能夠充分發揮的時機來臨，就可從此一帆風順。

「需」本身是等待、躊躇之意。下卦「乾」代表剛健穩重，上卦「坎」代表險性、多陷，雖然剛健穩重，但是路途上却有險性、陷阱等待着，所以不可以冒然前進，應該等待，因此名之爲「需」。

從卦形上來看是乾下坎上，但是認眞的說起來，其意義也並不光是期待、等候而已。因爲上卦有「水」。（坎卽象徵水）在大河的彼岸，有您期望的理想和目的正等待着您。而您也正費盡心思，若不達到目的絕不干休。「乾」是剛強有力的象徵，所以，只要期待大河結冰，您就可如履平地，或找尋河中的淺灘涉水而過，或是等待河水水位下降的季節，以利渡船的通行。除了靜待這些時機之外，別無他法可以渡河完成您的目標。「貞」又是「吉」的最先決基礎，因此，無論理想多崇高，目標多遠大，絕不可有搶越急湍的危險舉動出現，只能等待風平浪靜的時候，才能「利涉大川」。「需」就是指這種狀況而言。

俗諺雖有云：「有福之人勿須忙碌」，但是需卦的意思，並不是叫我們不必忙碌、不必努力，只要一天到晚悠閒自在四處敖遊就有福氣降臨，如此解釋的話就大錯特錯了。其眞正的意義在教導我們，心平氣和地休養身心，培精蓄銳，精力充沛地迎接下一個工作的挑戰，如此則必能成大功立大業。

因此，雖然有心急欲立刻達到目的，可是事情的進展並不能如想像中順利。如果商場上的買賣交涉已經進行很久的磋商而無具體結果出現的話，卜得此卦表示您的買賣在不久之後會有滿意的結局。婚事方面，出現此卦並非是良卦。因爲此時正是對方心猿意馬，或三心二意，或在生活上不如意，也有可能對方心目中的對象不止一人，目前對方注意力放在其他某人的身上，所以，出現此卦時，由於男女雙方自己並不積極的爭取，因此最好是耐心地等待下一次的機會。

❖

西元一九六〇年，當時美國總統艾森豪本擬第二次訪問日本，結果還是無法成行，訪日計劃泡湯，最先傳出艾森豪總統即將訪日，而成爲熱門話題，是在西元一九五九年的冬天，當時有位新聞記者，請教我：「艾克（艾森豪）到底會不會訪問日本呢？」我占卜的結果，出現此「水天需」。因此我當場大膽的斷定：「艾森豪總統絕不可能訪問日本。」

但是正如諸位讀者所熟知的，艾克的訪日行程逐漸地安排妥當。西元一九六〇年的三月，當訪日的日期已幾乎成定局的時候，那位記者先生再次造訪筆者，他對我說：「老師（按：日本人對『先生』一詞有其特殊的尊稱方式，不是任何人都有資格被稱呼爲先生— Sensei ，有資格被稱爲先生者，除教師外，精通某一學術、藝術家等，才是日本人所謂『先生』的人），這次老師

的占卜可失靈了，艾克訪日的日期已經決定了啊！」

我不以然地答道：「這可說不定哦！」同時再次占卜，不可思議的是第二次卜卦的結果仍是「需」卦。

當時我告訴這位記者先生：「這代表艾克天不與時。也就是說期待觀望，發現危險而停止前進的意思，所以艾克絕不會訪日。」

但是日本政府和日本外務省（外交部），當然快馬加鞭着手準備一切安全措施。這位記者在艾克預定訪日的數天前再次造訪，他幸災樂禍的半諷刺道：「老師，雖然您卜卦靈驗，但是惟有這一次您是陰溝翻船了，剛剛我到機場採訪安全護衛隊的安全預演剛回來呢。」當時我心裏也七上八下，心想這一下可眞栽到家了，但是另一方面，歷數十年的卜卦經驗，我仍深信易卦的結果是絕對正確的。所以我斬釘截鐵的告訴他：

我堅信艾森豪的訪日必不能成行

「無論你剛看到的安全護衞預演多逼眞，無論外務省如何準備迎接事宜，我仍然相信艾克絕對不可能訪日。也許艾克感到此行的危險性，而取消原訂的計劃吧！」

結果正如卜卦所顯示，一九六〇年全日本的安保暴動，終於使艾森豪總統取消訪日之行。

6 ䷅ 審判法庭（天水訟）

卦辭：「訟，有孚，愓中吉。終凶，利見大人，不利涉大川。」

所謂「訟」是訴訟、論爭、審判、判決的意思。此卦正好與前面的需卦相反，一方是爭，另一方是等，相互爲用。訟自然是爭論訴訟，序卦位上說：「飲食必有訟，故受之於訟」。因爲飲食上必有所爭執，所以把訟卦置於代表飲食的需卦之後。

再者，上卦爲「乾」，代表剛健厚重，下卦「坎」則是表示危險、陷阱，可見一方剛強另一方陰險，則必興訟。正如同個人的內心陰險，卽雖外有幹才，也易於與人爭訟，所以此卦名之爲「訟」，其原因在此。

卜出此卦的時候，無論是自認爲如何中肯、得理，如果一再地自說自話，以爲有理通天的話，結果只是徒然激怒對方，反而招致不利的後果。同時也絕不可過份激烈攻擊對手，因爲爭訟本無益。而是天命、時運皆未降臨您的身上，如果您硬是把對手逼入絕境，造成狗急跳牆的情況，最後受害的還是您自己。

前卦的「需」是代表正在期待，但是本卦乾在上代表「天」，坎在下代表「水」，天在上，水在下，彼此付諸行動的方向不同，意見也完全背道而馳，正因爲相互間無法溝通，因此才會造成訴訟的後果。例如在公司裏，主管不肯聽從自己的意見，而內心憂鬱不快的時候，經常會出現此卦。

不管自己有多正當的理由，只要您興訟的話，絕不會立刻勝訴，爲什麼呢？因爲您的立場並無天時相輔，也無訴訟致勝關鍵的充分證據。彖傳上也特別告誡我們：「訟，上剛下險，險而健訟。訟有孚窒，惕中吉，剛來而得中也。終凶，訟不可成也。利見大人，尙中正也。不利涉大川，入深淵也。」由此可見，如果自信剛健穩實而一味逞強，雖自認有理通天仍是行不通的，因爲氣數當如此，自以爲萬能亦不能救，所以惟有深自反省，戒愼恐懼，把握中規中矩的原則，如臨深淵如履薄冰地去行動，才會逢凶化吉，否則逞強的結果，最後受禍最烈的還是自己。

以離婚訴訟官司爲例，假設您要求對方賠償十萬塊，但後來仍然一毛錢也拿不到。如果要求三、五萬元或許還有希望拿到。

那麼卜出此卦的時候，應當何去何從才是正道呢？這種情況下，您必須下定決心，絕對要一百八十度把自己改頭換面才行。自我約束、隱忍，以自勵自勉的愉悅心情，採取和他人協調的態度，才能渡過難關，把自己導入成功的大道。這才是卜出此卦時的正確應對之道，如果不顧此卦的告誡，一意孤行的結果，只有「入于淵也」，陷入不可自拔的泥沼之內，永無復出之途。須內心中面對事實、認定自己的運氣，現在正是處於最衰微的時期，一忍再忍，則必能「利見大人」，大展鴻圖。

婚事方面，當然也不會有圓滿的結局。此時也非適合論及婚嫁的時候。但如果愛情的進展快速，雙方都已到難分難捨的狀況下，無妨和年長的人磋商，以決定進退，或許會有較佳的進展。

因爲象傳上告訴我們，處身逆境的時候，追隨比自己地位高的人較有利，自己單獨行動，成功的機會並不大。

假如您是女性，卜得此卦的時候，因爲父親和戀人的思想生活截然不同。所以您大都是處於兩面爲難的困境中。此卦對具有特殊才藝的人士，例如打字員、各藝術領域的專家、或從事藝術方面工作的人而言，可說是個良卦。男性如從事自己擁有主導權的自立性職業，例如律師，或外科醫生等，卜得此卦是上上之卦，不久之後，前途大有可爲。

※

西元一九六〇年十月一日。筆者應某週刊雜誌社之請，爲水原領隊占卜時，卜得此卦。訟卦我們早已一再說明過，卜得此卦也正是內部意見互相衝突的時候。所以我當時就寫到：「水原領隊的主張似乎不被內部的人所接受。此刻正是他時運不濟立場不穩的時刻。同時爭訟方面也居於劣勢，換句話說，他大概不會再待在巨人隊多久了。」翌年，也就是西元一九六一年，他終於跳槽，投效東映，組成一支和南海相抗衡的球隊。

7 ䷆ 領導者的苦惱（地水師）

卦辭：「師貞，丈人，吉无咎。」

地水師是戰爭之卦。因爲爭訟的結果必然導致戰爭，所以訟卦之後是師卦。在戰場上，沒有任何人有把握永遠每戰必勝。只要在六局上，能夠掌握致勝的契機就可算是離大捷之日不遠了。此外，在雙方開戰之前，首先要有充分熟練的戰備訓練。因爲初戰的誤差，足以影響此後全盤戰局的勝敗。

「師」指軍隊而言，下卦「坎」代表險和水，上卦「坤」則又是順與的意義。古代寓兵於農，農閑時則施以軍事訓練，戰時則應召參戰。我國周朝時代的兵制，以五百人爲一旅，二千五百人爲師、一萬兩千五百人爲軍。身爲帶動、指揮二千五百人軍隊的師長，其負擔並非那麼輕鬆自在的。所以我國人才把指揮他人的辛勞和立場的苦惱，用「師」這個字來表達。在現代社會上來說，例如大公司的領導人，大企業組織的首腦人物等，他們每天須辛勞地裁決許多商場上的重要決策，也可說等於這個「師」。

卦辭上所說的丈人是指老成持重的人物。軍隊的指揮，決策的推行，必須要「貞」才行，也就是以維護正義爲原則，順應天命、符合民心、討伐邪惡，使正義得以伸張，因此必須以正義、中庸、老成穩重的人物爲統帥，才會大吉大利，避過災難。當然「一將功成萬古枯」，但並非每一個將帥都能獨自指揮大軍，而無須藉助他人之力，所以戰場上一定要有智慧超人一等的參謀參予策劃、群策群力貢獻智慧的結晶，才能掌握致勝的先機。因此，在現代的商場上而言，培養自己親近的部下，協助業務的推展，才能使自己開運。

假如是男性卜得此卦，您在事業上是頂尖的一流高手，儘快培養有才幹的部屬來協助您。對女性關係方面，女友大都是水性楊花的輕佻型女性，可說目前還是未遇到一位眞正愛您的女友。此時最重要的是，要在事業方面全力以赴，因爲現在正是您開創龐大事業、鴻圖大展的最佳時機，天時地利俱到。

假如是女性的話，大部份是事業家類型，或女老板，或掌理大家庭有條不紊，或多方經營且充分發揮才幹的婦女。在愛情生活方面，男友的更替也相當頻仍。

總歸一句，無論男女，在日常生活方面，都能在自己的工作崗位上全力以赴，也是大力承擔他人託付的事情最沈重的時候。非得經常緊張地工作不可。但是不積極接受他人託辦的事情又不行，自己也要永遠保持清新的銳氣，不斷勇往邁進，迎向下一個新工作的挑戰。

有位著名的證券公司的經理前來造訪筆者時，卜得此卦。這是表示良將率衆多部下進行戰爭的卦象。當時我告訴他「只要以您的智慧和開濶的胸襟，多培養對自己工作有利的心腹部下的話，您必能昇遷到公司內部重要職位上。」六個月後，他成爲公司的董事。據說在公司的企劃室中擁有一群最有才幹的策劃人才。如果他能夠善加培養這群幹才的話，相信這位董事的前途將無可限量。

8 ䷇ 豐盛的水田（水地比）

卦辭：「比吉，原筮元永貞，无咎。不寧方來，後夫凶。」

比是親密、親近、相輔相依的意思。也代表親和、親善、擇善而從。此卦的下卦「坤」是地的象徵，上卦「坎」是水的象徵。地上有水，地得水則柔，水得地則能流，地上有水，則可讓我們想像出豐沃的稻田。這是經過長久的混亂紛爭之後，太平盛世中所能見到的安祥和樂田園風光，所以把「比卦」安排在「師卦」之後，其意義也在此。在太平盛世裏，群衆一團和氣地共同生活，互助互攜，爲社會的和諧進步而努力。人民的最大目標，在於追求今後的生活水準能夠不斷地向上發展，達到世界大同的理想。

但另一方面，「比」也有比較、評比的意義在內。也就是以自我的才幹來和他人一較長短。

如同我們常說的比肩、比較，卽使在太平盛世裏，生存競爭也必定相當地激烈。所以，此卦也代表許多相同目標的人們聚集在一起的意思。既然目的相同的人聚集在一處，也就是說您心目中所欲獲得的目標，其他人同樣虎視眈眈地等待奪取。因此，與他人相親相輔，並不只是單純的縮短彼此間的距離和平共處而已，同時也意味着絕不可落於人後。相親相愛的君子之爭，也就是共存共榮的意思。因此，在這種時期裏，彼此出資、同獻心力、合組公司，最合天時。

　比卦的精髓在於闡釋親愛精誠的道理。俗話說物以類聚，形成組群的條件，必須是相輔相助，在剛毅中正的領袖領導之下，和平相處方能永結同心，這才是創造共同的幸福生活之基礎。此卦可以拿日本德川幕府的開創者，日本歷史上的一代英豪德川家康來做例子。德川家康的幼年時代，生活非常地困苦。但他在困苦環境下的歷練，終得以開花結實，他收攏人心、親善各諸侯，奠下德川幕府三百年的不朽基業。雖然這一方面，也得力於家康承繼了經過織田信長和豐臣秀吉兩人以武力平定後的安定社會，所以才能持續他三百年間一統日本全國的幕府大業。象傳上說：「地上有水，比，先王以建五國，親諸侯。」中國歷代的聖王，全都是以比卦的精神，與諸侯相親相助，開創不朽的豐功偉業。

　假如您是男性而卜得此卦，您正像日本的德川家康一般，擁有五十多位妻妾而且能夠善加統御。雖然三妻四妾是古時候的家庭景觀，但無可否認的，卽使在現代生活中，我們不也常看到擁有三妻四妾的人嗎?靠着個人的財勢、權勢,一個男人可能和不少的女人親近,同時又有辦法使那些女人在彼此競爭中,過着和平安詳的生活。

女性的話,您現在正邂逅某位男士,同時追求他的時候,正遭遇最強烈的競爭對手,如果動作稍慢一步,您必成爲情場敗將。處在這種緊張的狀況下,即使想盡辦法也要把競爭對手,排擠出你們的範圍外,而早日獨享「他」的愛情,如此才有致勝的希望。就婚姻大事來看,「比卦」可說是上上卦。是個幸福美滿如鴛鴦般令人羨慕的恩愛夫妻,就如同大地永遠吸收「水」份那樣,彼此肌膚相親、如膠似漆地永不分離。

9 ䷈ 風雨將至的陰霾（風天小畜）

卦辭：「小畜、亨。密雲不雨，自我西郊。」

就如同大雨將來臨之前，天空烏雲密佈一般，只要豪雨傾盆而下即可使人心胸暢快，但是雖然烏雲遮天，卻仍未達到雨的飽和狀態，眼看風雨將至，却又毫無下雨的跡象，眞叫人焦躁不安。

「畜」是由田與茲的簡體組成，也就是積蓄穀物等農作物的意思。比卦人人相輔相親的結果，構成團結以赴，結果就有了積蓄。「小」則有稀少、稍微、不足的意思。下卦乾、上卦巽、陽多陰少、陽過盛、陰略不足，也就是企圖雖旺盛，力道却不足，另一方面，力量有限，不得不停頓，所以稱之爲「小畜」。有稍爲隱忍、略爲停頓的意義在內。只要西方的天空烏雲密佈，不久之後，終會驟雨傾盆而至。因此只要稍微停頓，焦躁不安的情緒，必會因此一掃而光，恢復暢快的心情。

卜得此卦的時候，由於內涵貯蓄於「畜」的意味，所以不但物質豐富、運氣也相當旺盛。不過蓄積並未達到飽和狀態，如同卦辭上所說的：「密雲不雨，自我西郊。」密雲代表陰，西也是陰的方位，都象徵蓄積的不足，因此目前的計劃或腹案，無法如想像中順利進行。有受阻於他人、途中有障碍、易遭受挫折的傾向。不過，這也只不過是小小的停頓，不久之後，就可渡過阻碍，最初的理想，終必實現，這就是風天小畜的眞正涵意，雖有小碍，但是以剛健的意志一致貫之，終必亨通。

以夫婦間的婚姻生活而言，目前正是厭煩不堪的倦怠期。雖然愛情未滅，生活環境也相當充裕，但在情緒上却容易起勃谿，也就是所謂的七年之癢的時候吧！經濟富裕不虞吃穿的丈夫，開始放浪形骸往外發展，而太太則三天一小鬧、五天一大鬧，簡直鷄犬不寧。

中小企業等資金不大的生意方面，身爲太太的大都熱心於商場上的出入，同時經濟觀念發達，對待客戶的應接方面也相當厲害。所以當丈夫的，大都很放心把業務全交給太太一手包辦，而自己則心無牽掛的在外尋花問柳。當太太的則愈來愈煩躁，經常忍受內心痛楚的煎熬。所謂山雨欲來風滿樓，指的就是這種暴風雨的前兆而言。

假如事件的起因是錯在男性，或家庭內不穩定的火藥氣氛繼續長時間存在的話，個性頑強的女性，最後必訴之於離婚一途。但如同俗謂：「逆來順受」，採取不抵抗態度，貫徹到底，反而會讓即使破裂的夫妻感情，重歸於好。最後陰晦的氣氛，終會一掃而光。

※

這是五年前左右的春天所發生之事。東京神田某雜誌的某位職員，和兩名同事邀約登山，三人自登山小屋分手後，此職員却到預定日期尚未返家，就此行踪不明。

公司和家人都非常躭心，不知到底是報警好還是稍待數日，正好筆者走訪該雜誌社，他們請我順便一卜吉凶。當時卜出的結果，正是此「風天小畜」。

如同前面所敘，此卦意味着「稍作停頓」，因此，可看出有稍待不久，應該會平安歸來。「小畜」在此處可看成，因山上的氣候惡劣，其人正躲在山林的茂密深處，靜待天候好轉以便動身。

他們又問我：「老師認爲他哪一天會回來呢？」我想既然是預定昨天該回來的，那麼稍爲延誤行程的話，至多應當在今天傍晚時分，一定會出現他的踪影吧！話還沒說完，雜誌社的電話鈴響了，那位仁兄親自打電話回社道歉，說是因爲天候惡劣，所以慢了一天行程。

10 ䷉ 踐踏虎口的危機（天澤履）

卦辭：履虎尾，不咥人，亨。

卜得「天澤履」時，最好順從他人為吉

「履」是踐踏、踩踏或禮節的意思。序卦傳上說：「物畜然後有禮，故受之於履。」換句話說，物資積囤後，就必須控制之於禮，以爲人遵行。但另一方面就踐踏的意義而言，正如同把脚踩在老虎的尾巴一樣，眞是危在旦夕，隨時會有生命危險。但是「兌」却代表和悅的德行，所以只要柔順地服從長輩、年老者的意見看法，則雖無意中踩中老虎尾巴，犯下大忌，也仍然可以安然脫離險境。參考前人如何成功，如何會一敗塗地，詳加斟酌來採取自己的行動，那麼依然能夠致勝。

所以，已經是踩到老虎尾巴，震怒的惡虎隨時會回過頭來一口吃掉您，但是自己却又剛愎自用，爭強鬥狠，非一拚到底的話，最後必然遭慘敗的惡運。

雖然在他人身後亦步亦趨地跟隨着，毫無行動力，在起初必定會相當地困難不平，但最後因堅強的意志力，仍然會成功。因爲愈是下最大的功夫去耕耘，收獲的成果愈是豐碩。因此，在起步時，稟承坦蕩的心胸，執着純正的意念，以禮儀爲導，循正道而行，光明遠大的開濶前程，自然而然地呈現在您的眼前。

因此，起頭的時候，如果態度曖昧不明或模稜兩可馬馬虎虎的話，日後必引致極大的不安。這是此卦最大的缺點所在。

歌舞劇的「勸進帳」正是天澤履的最佳寫照。源義經將一切軍國大務全權委託弁慶處理，弁慶則運用其縱橫策略，終於能平安渡過安宅之關，這個故事相信許多人也都是耳熟能詳。也就是源義經順從弁慶的意見，才得以安然渡過難關，逃離虎口。當他們逃出關口以後，弁慶才舒了口大氣說：「眞像從虎口裏面撿回一條命。」

總而言之，天澤履象徵實現理想，履行責任的時候，充滿危機感，不可不謹愼戒懼，所以應該擇善固執，不可剛愎自用一意孤行。凡事以長者爲前導，不可逞強冒進，才不致於前功盡棄。

西元一九七一年七月，正是我國股票大恐慌的時期。某位太太造訪筆者。這位太太從事股票買賣，大賺了一筆。她問我：「再買進是否可行呢？」經我占卦結果，出現的正是這「天澤履」。可見是個危險信號，我當時卽警告她，如果不徵詢對股票行情有透澈研究的長輩之意見行事的話，必然會有嚴重的不良後果。這位太太總算還忍得住誘惑，老大不情願地停止買進。不久之後，結果正如週知一般，我國股市大慘跌，經不起誘惑的盲目炒股票者，破產倒閉的人不計其數。

11 ䷊ 順風而揚帆（地天泰）

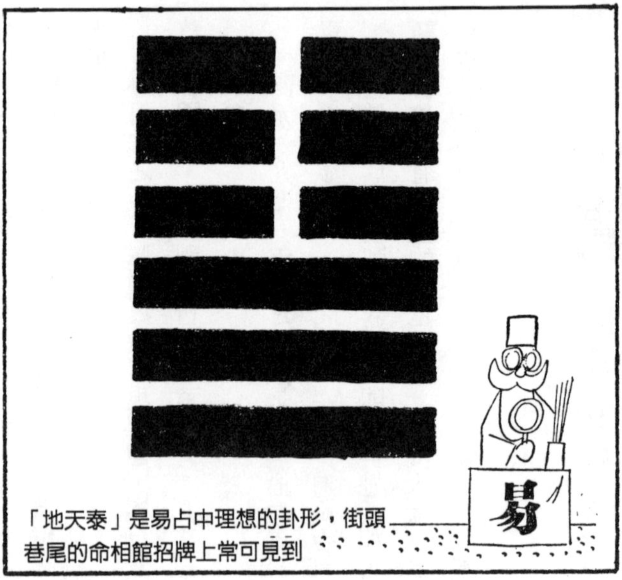

「地天泰」是易占中理想的卦形，街頭巷尾的命相館招牌上常可見到

卦辭：泰，小往大來，吉亨。

序卦傳上說：「履而泰，然後安，故受之次泰，泰者通也。」亦卽渡過險境，目的、理想實現以後，接踵而來的就是安泰的局面。

地天泰的乾卦代表天，却在下卦，坤代表地却在上卦，乍看之下，好像是天地顚倒，非常不適。但事實上，地比較重，所以由上方下降而來，天比較輕，所以經由下方上昇而去，天地交合的結果，密切融會，成爲陰陽調和溝通的安泰現象，所以此卦名之爲「泰」。其原因也就在此。

所謂的「泰」是指安樂、平安而言。一切事物都井然有序，呈現安泰祥和的情況，謂之泰，我們常說的泰運、泰安、泰然、交泰等等，全都是代表沈着和諧，和樂安康的象徵。天往上、地往下，天地交泰的結果，自然而然緊密的融和在一起。所以象傳上才說：「天地交泰，后以財成天地之道，輔相天地之宜，以左右民。」

泰卦又稱之爲「消息卦」，是一年四季中陰陽消長的情況之代表。在代表四季的卦形之中，以䷀（乾卦）代表陽氣最盛的時期，是相當於四月的天候。然後從最下方逐漸出現陰氣，成爲姤卦（䷫），代表五月的天候，接着是遯卦（䷠）代表六月，陰氣逐漸上昇後形成否卦（䷋）代表七月，否卦之後是觀卦（䷓）代表八月，八月以後是九月的剝卦（䷖），陰氣最盛的坤卦（䷁）就是十月了，陰氣達到最顛峰之後，陽氣再度孕育成形，䷗是代表十一月的復卦，然後是十二月的臨卦䷒，正月則是泰卦的（䷊），二月陽氣逐漸上昇形成大壯卦（䷡），到了三月則成爲夬卦（䷪），然後是陽氣頂盛的泰卦，以後又消長盈虧，再度循環開始。如此代表一年十二個月的各卦，稱之爲「十二月卦」或「十二消息卦」。

泰卦代表正月，正月是萬象更新一年復始的天地相交時期，陽去陰來，萬物始生，是吉祥、亨通的安泰時期，所以是個上上吉卦。此卦或許您也常在從事易占相命的命相館招牌上看到。相信此卦的卦形對您而言，應相當熟悉。

泰卦代表易學上崇高的一種理想。卜出此卦時，毫無疑問的，必然是正處於極安定幸福的生活環境之中。無論是夫妻間、或男女間的愛情，也必是處於水乳交融、如膠似漆的恩愛生活中。家庭生活其樂融融，男性以自己的職業爲榮，充滿自信，輕鬆地負擔生計，女性則託才幹出衆的丈夫之福，一面享受着富裕悠閒的居家生活，一面賢淑地掌握着家計。

除此之外，綜合性地來看，無論在性格上，或身體方面都毫無瑕疵。如果年輕人的相親，是由親戚好友等撮合的話，可說是緣定三生的良緣，不應輕易放棄，能夠一同步入地毯的那一端，必享百年好合。即使初見面時感覺身份或興趣方面不太合適，也要貫徹始終，不必在意。

在工作上而言，地天泰象徵公司裏上下意見充分的溝通，而且志同道合、團結一致，內卦乾是陽，又是代表君子的內剛外柔，從純陰的坤卦，變化到陰陽交合的泰卦陰消陽長，陰卦變成外卦，象徵君子得道，陰卦的小人勢消，被排斥在外，因此，內部一團和氣，在安定中進步，必然天地泰平，業務蒸蒸日上，是您大展鴻才的最佳時機。

※

筆者近親的一對年輕夫婦喜獲麟兒，急著找尋一間獨居的房子，我為他們一卜吉凶時，所得的正是此「地天泰」。

我告訴他們：

「這表示你們很快就可安定下來。」

可是這對小夫妻却一臉迷惘地說：

「可是我們雙脚都磨出繭來了，還是找不到一間房子呢？而且我們的預算有限，也付不起太貴的房租。」

「不過你們想看看，天地間的土地這麼濶，哪兒沒有高聳入雲的高樓大廈呢？至少找間社區的公寓，總該沒什麼問題吧！」

他們可又說了：

「可是我們怎麼找就是找不到呀！」

當他們找到一間三房一廳，外加陽台、浴室的社區公寓時，可以說才走出筆者門外不久呢！

12 ䷋ 被封閉的出口（天地否）

卦辭：否之匪人，不利君子貞，大往小來。

「否」是拒絕、否定、閉塞、堵塞之意。泰卦倒轉之後變成否卦，這種現象稱之爲「綜卦」，泰極而否，否極泰來，互爲因果，正如俗諺「物極必反」的道理一樣，順暢之後，接之而來的就是閉塞。「否卦」表示在口上加個封蓋，當然無法打開而堵塞住。所謂否運，就是厄運不幸、倒楣、命運受封閉、隔閡而無法開運之意。所有否定或否認，也就是死不承認事實上存在的東西。

此卦和前面的泰卦顛倒，天則高高在上，地則低縮在下。這似乎是吉祥的象徵，但事實上，其眞正的意義，是天地背離、陰陽閉塞，天地乾坤無法融和，萬物不能順暢地成長。換言之，陰卦在內逐漸成長，與陽卦在外互相抗衡，也就是說小人得道，君子被逐的象徵。內卦爲陰、外卦爲陽，正比喩外見雖剛強，實則內心柔弱，因此，君子勢滅，小人氣盛，因果循環的黑暗時期終於來到，世道封塞，好人難以出頭。

因此，出現否卦時，也正是個人最不得志的時期。例如古代的各期末年，人民的意見，無法有效地反映在政治上，另一方面，政治家的意圖，也無法爲民衆所理解，這樣背道而馳，互不相交的現象，就是否卦的比喩。在這種狀況下，卽使君子自重，守正不阿，不隨波逐流，也得不到任何利益。

由於閉塞不通，所以在經濟方面，金錢的收入，也無法如想像中地運用自如，入少出多。在日常的精神生活上，也總是有不愉快的瑣事接踵而至，情緒經常煩悶不堪。處此時節，雖然眼前事物完全堵塞不通，但只要假以時日，陰道必漸衰而微，所以自重隱忍，坦然承受，謹愼從事的話，天時轉來的時候，所有苦悶，終必自然而然地迎刄而解，光明終會重臨大地。

如果是占卜戀愛運的話，假如是兩個年輕的未婚者邂逅，那麼必是一段清純感人的純精神戀愛（卽所謂的柏拉圖式愛情）。因爲正如同卦形所顯示的，是上下互離的情景、閉塞而不相融。這表示對方雖也深愛着您，但却苦於難以啓口。你倆的戀情，正受到來自家庭、親友的阻碍，目前不會立刻有結果，最多堅忍半年以後，開始發動攻勢，使周圍阻碍的人，知難而退，封口裂敗，自然能夠暢行無阻。

但此卦出現在夫妻之間，可截然不同，不是一天到晚吵嘴，就是永遠有不大不小的磨擦存在，說有多煩就有多煩，要不卽是夫妻幾乎已達水火互不相容的境地，吵嘴不算，可能已經早就不同床，好久已無肌膚之親，更嚴重的，大概已經分居了吧！換句話，你是你、俺是俺，互不相干，管妳的死活呢！早已處於僵持階段，互不退讓。否卦在此處是夫妻相背而眠的形態。由於家庭生活失和，鎭日爭鬧不休，許多男性常因此而導致事業運的衰微。

夫妻生活中出現「否卦」時，請您務必平心靜氣謹愼考慮一番。長久處在這樣的生活環境中，絕不是人生的福氣，假如眞認爲，和對方在性格、嗜好上，無論如何都合不來的話，倒不如快刀斬亂麻，乾乾脆脆分手。如果還有一絲妥協的餘地，無妨重新冷靜地檢討自己，夫妻間的生活，原本就該像前一卦的地天泰那般的水乳交融，才有深閨畫眉之樂可言，請您再次翻閱前項地天泰的解釋，及時反省，好決定您倆的取捨之道，如此才是正確的人生觀應有的態度。

※

某週刊雜誌社，西元一九七一年三月十四日，要求我就日本名拳擊手關光德和金比其兩人的代表權決賽，做個占卜。當時全日本都在期待關光德能贏得下一屆的世界冠軍。當時我卜得的卦，就是「天地否」。如同我們在前面所說明的，是閉塞不通的凶卦。我認爲既出現此卦，卽表示此次的比賽，關光德絕對會嘗試失敗的命運。

「眞是糟糕，他的運氣困頓。他可說是技擊高手，他可迅速地移動身子，襲擊對手的弱點。卽使他遭受最猛烈的攻勢，仍然能夠奮勵堅強的意志，非把對手擊倒在地不可，但是……。」

「但是什麼呢？」

「很遺憾……這一次他絕對無法獲勝。」

最後，因健康狀況不佳，他終於放棄該次的比賽。

13 ䷌ 坦誠相見的友人（天火同人）

卦辭：同人于野、亨。利涉大川，利君子貞。

下卦離、代表火，上卦乾代表天，火象徵光明燦爛，光明上昇，與天齊高，所以是同人的象徵。另一方面，群衆在原野中集合，比喻在寬濶的範圍中，公正無私的和他人相處，世界上所有的人和睦共處，就是古聖先賢畢生所追求的大同世界理想。外卦剛健的「乾」，比喻奮力前進不懈，因此有利於涉大河，內卦光明的離，比喻內心光明，外見剛健的性格。這些都是純潔正直的德行。

彼此之間，毫無心機，也無秘密，坦誠相見，只要能夠出於赤誠地互相協助，大部份的事物，一定都能夠順利成功，這是本卦所象徵的意義。所謂「同人」，是指將心比心，把他人視同如己，此外，有如入境問俗一般，儘量與他人，採取相同的步驟，也叫同人。我們常說的同意、同一、同業、同行等語詞，都不是單獨行動。

其他如同仁，也就是志同道合而在一起「工作」的人。國內有所謂的「同人雜誌」，其意義不外乎志趣相同的人、朋友、同僚等，所開創的雜誌。易經上亦有云：「君子和而不同」。這句話表示，對善事有共同一致的意見，是件很好的事情，但是對歹行劣跡，也同樣共鳴，且「附和隨同」的話，可就太不應該，過於不辨是非了。

實際上，共同事業能夠成功，大都需得力於他人提拔，方可獲得商場上的重大成就。但要注意，千萬不可急功心切，否則只是徒勞無功而已，必得堅忍心志，不到最後成功，絕不放棄。不過，與近親從事共同投資事業，並非良策。因爲卦象顯示，宗族和同，雖然不至於大凶，但也不值得鼓勵，至少是不吉。一定要往公衆方面發展，這是本卦的特點。

從卦象來看，無論男女，在交際方面，都相當廣濶。尤其是女性，絕大多數是被稱爲〇〇小姐或小〇〇等等之類的絕代美女居多。求婚者也不在少數。在家庭中，此卦象徵絕不受家庭的約束，是個善於對外交際的人，最好的方式是夫妻都在外上班。

身體方面，也是身強體壯的運動家類型，同時腦筋的反應迅速，這樣的人侷限於處理家務事，也實在是蹧蹋人才，另一方面，也有精力過剩之虞。無妨想個兩全其美的辦法，使她能夠兼顧內在的家庭和外在的事業。卽使是個賢淑、柔順的女性，卜得此卦時，她必擁有某種特殊的才華，或是特殊的才幹。

爲男性占卜，而出現此卦，表示他在事業上，相當活躍，是個支配力、實行力兼具的領導型人物；同時也是事業上競爭者較多的時候，絕不可剛愎自用，掉以輕心。性格上略見浮躁，是這種男性的缺點。

在升學考試或申請國民住宅前，卜得此卦，是水到渠成的象徵，一定可考上理想的學校或分配到合適的國民住宅。

※

某雜誌社，曾於西元一九七一年的七月二十九日，請我爲名世界摔角選手力道山卜卦。「他依靠空手道功夫，白手起家，所開創的事業也愈來愈宏大，從夜總會到套房公寓，他的連鎖公司越來越多，請就力道山的前途，一卜吉凶。」這是漫畫家柳 先生 的請託，當時卜出的結果，就是這「天火同人」。

「好旺盛的運氣，眞叫人驚訝，表示他如有神助一般。」

「他的運氣不會衰退吧！至少他也是個強人嘛！」

「不會，最低限度運氣相當旺盛。晚年會是個事業家，當然啦，如果他始終貫徹精力在事業上，而不涉及其他事務，應該是鴻運當頭。」

「天火同人」在事業上而言，是鬥志高昂的象徵。即使是多角經營，同時又有許多競爭者，但仍然穩若泰山，絕不虧損。而且，「同人」亦有共同出資合股的意義在內，所以我又附加說明了一句：「他在不久之後，大概會採共同經營的方式，又開創某種事業吧！」日後，他也推展運動休閒方面的大事業。

14

正午的太陽（火天大有）

卦辭：大有、元亨。

此卦和上一卦天火同人，正好上下相反，也就是所謂的「綜卦」。同心協力的結果，必能「大有」。「大有」能促進和同，相輔相成。彼此身份相當，且能順應天時、得其所，而處於滿足的狀態，謂之「大有」。「大有」—大的擁有，能夠擁有大量的、巨大的事物。換句話說，此卦的意義爲：「請您自己，永遠保持自己的幸運吧！」

從卦形上來看，代表日的離卦，在乾卦之上，就如同陽光普照大地一般的光明，唯一的陰爻又在尊位得中，五陽拱一陰，就如同忠誠的騎士，一片赤忱地護衞着女王那般。但是既身爲女王，高高在上，就必須具備包容力，和絕對的支配權，否則會喪失身爲女王的資格。

君在位，統御萬民，「乾」和「離」，代表剛健、光明，亦卽兼備剛健和光明的大德，且應天命，得人心，完成治國導民的不朽功業，因此，以一個國家比喻，女王就如同太陽一般，照耀着天下的萬民。因此「火天大有」比喻如正午的太陽，擁有光明和堅忍不拔的性格。

卜得此卦時，您正是鴻福齊天的時候。不但荷包豐滿，而且凡事皆能依願而行，念之所至，無所不成。但要注意，剛陽接近比喻女王柔和的陰爻，通常物極必反，象徵危懼感的現象，要有「滿而不溢」的修爲，自我抑制，凡事謙虛自重，才能得天佑，才能長保盛運，如何維持自己於不敗的地步，是當務之急。

如果得意忘形、躊躇滿志，心想反正明天的太陽依然還會出來，誰能奈我何的話，那麼，一旦氣運直轉急下，太陽就此西斜，連落日紅霞都爲夜幕籠罩的時候，可別奇怪自己爲什麼突然走霉運。

由於實力和運勢皆如日中天、氣力也充沛，必能積極地行動，愈早行動愈是有利。在事業方面，請注意把隨附的繁枝密葉，乾脆切除，將一切目標集中於主幹上，徹底改頭換面，而所有枝節瑣事全拋於腦後。

以女性在外的事業成就，必是公司的女老板。當然不一定是大有的陰卦僅代表女性而已，即以男性爲例，象徵柔和謙遜、禮賢下士、誠意待人，人必以誠信回報，以溫厚的個性，採取懷柔政策，心懷寬大，事業必能鼎盛推行。物質上的享受，也充滿光明的希望；但須留意引起他人的嫉妒反感，免招致禍害。

※ 某雜誌社要我替中村歌右衛門的今後去向，一卜吉凶，所得的正是此卦。

如同前面所敍述，本卦象徵受到騎士護衛的女王。他扮演女形（旦角，日本的歌舞伎裏飾演女子的男演員）的實力，必更能發揮得淋漓盡致。我曾在文中寫道：「此人前途的燦爛，非言語所能形容。」

15 ䷎ 豐實的稻穗（地山謙）

卦辭：謙亨，君子有終。

晚秋的田野中，一望無際的金黃色稻穗，無限沈重似地低垂着頭迎風搖曳，正等待着人們採收。俗云：「稻穗愈結實飽滿，頭垂得愈低」，內容愈充實的人，其外在的行爲態度，愈謙虛、愈恭謹。

這是因爲，學識修養充實的人，更想讓自己的果實，供所有的人來共享。

所謂「謙」，就是謙遜、謙虛，也是對自己的才德、成就不自負，不覺得自滿的一種行爲表現。「地山謙」的內卦「艮」，比喻山、止，外卦「坤」則象徵順、地。內心知所抑制，外見又順和，正是謙虛的舉止。另一方面，山在地的下面，本來山應高於地才合理，但高山却自處於地的下方，這也是謙遜的表現。序卦傳上告訴我們：「有大者，不可以盈，故受之以謙。」換句話說，擁有大者，有偉大成就的人，不可以驕而滿溢，應該自處謙遜，此卦因此名之爲「謙」，定於大有卦之後。

我們常說，某人有謙讓的美德，某人非常謙虛等等，卜得此卦時，表示尊崇道德、禮節，是所有行爲、事物的最根本。此卦的原文中，有「以山之高自降於地之低」的言語。意謂

留心小飲食店的紅燈籠

身份崇高的人，而謙虛自持，乃德性的根本，也是禮儀之始。

但是「謙」本身的眞正含意，却是把自己所餘裕的東西，分享給衆人。拿個比喻來說，就如同把高山的土運下來，以填平低窪的土地，這種行爲就可稱之爲謙。因此，凡事不可只求一己之利，還得「裒多益寡，稱物平施」，方不失謙虛的偉大胸懷。

但是此卦有一個很大的缺陷存在，這也是一般從事易學研究的人，所常忽略的一環。

從卦形上來看，一陽被五陰所包圍，換句話說，一個男人被五個女人團團圍住。很容易使人想起那些閃爍着五顏六色霓虹燈，門口永遠站着幾個鬼鬼祟祟傢伙的奇怪理髮廳，以及漆黑不見五指，一杯咖啡五百塊的所謂「咖啡廳」等等，日本人叫做「小飲食店的紅燈籠」，指的就是這類的掛羊頭賣狗肉的勾當，從前北投一帶就是著名的綠燈戶區。話說回來，這種男人，雖然謙遜正直，但是却無法抗拒女色的誘惑。須特別注意感染性病。

※

數年前的某天，有位太太前來造訪筆者。她是我開業後第一個登門的顧客，是個四十開外，雍容華貴的婦人，從她口中得知，先生擁有相當龐大的事業，生活也不虞匱乏。從談話的神態來看，這位婦人，並不像有心事或特殊煩惱的人，但仔細端詳之下，却看出這位婦人的雙眼略浮現血絲。

她告訴我：

「老師，我看過許多醫生，但眼睛的充血情況，還是不見好轉，依您看，到底去找什麼樣的大夫，才能治好我的眼疾呢？」

如前所述，地山謙是一男受衆女圍繞的卦象，我心想「啊哈！原來是這麼回事。」

「太太，請原諒我質問您個人的隱私權，不過，您先生是否偶而也到風月場所去尋花問柳呢？」

「不，絕對沒有這種事。別人我不知道，但我深信，我先生絕不會涉足那種風月場所。」

請注意這位太太所說的話，因爲大多數的太太，對先生的做爲，深信不疑，所以才有那麼多令人羨慕的幸福家庭。

但是我仍然婉轉地告訴這位太太：

「請恕我直言，不過，我對您的話，仍抱着懷疑的態度。請您返家後，想辦法再度確定一下您先生的行爲。不這樣做的話，無論找什麼高明的大夫，服用多有效的靈藥，您的眼疾仍然無法治癒。只要您先生完全改正自己的行爲後，太太的眼疾就不算什麼了。話說回來，您先生是個謙遜正直的人，或許他現在已不再涉足風月場所，只不過是從前造孽的業報未清而已吧，所以您回家後，請千萬別興師問罪、大吵特吵，一定要婉轉地問明原委，這樣對您的眼疾才有助益。」

第二天，這位太太陪同先生，再次造訪筆者。

「我回家問我先生的結果，發現老師您說的，並非無中生有。這些年來，他雖從不涉及那些場所，但是太平洋戰爭期間，經常到慰安所（二次大戰時，日本軍閥設立的軍中妓女戶）去放浪過。」

「可是，雖然常去那種場所，不過日後也並沒有什麼顯明的病兆，所以我一直認爲自己並沒有染上性病之類的，因此也沒找過醫生治療，沒想到……」

我微笑傾聽這對夫妻的告白。

16

整備齊全的城堡（雷地豫）

卦辭：豫，利建侯行師。

雷地豫和地山謙的卦象完全相反，就是所謂的「綜卦」。豫卦中五陰拱一陽，下卦坤，代表順。上掛震，比喻動，爲歡愉和樂追隨服從的象徵。序卦傳上說：「有大而能謙，必謙，故受之以豫。」能謙和待人，人人必樂於追隨，所以豫在謙卦之後。

本卦代表春機發動的時期，這是春雷初響的形象。從卦形上各位可看出，上卦震，是雷，下卦坤，是地。雷鳴於地，天地驚奮，所有冬眠中的生物，全都因春雷的初響，而得知「春」來訪的消息，萬物開始舒展整個冬天沈靜的筋骨，四處活動，草木綻放嫩芽，如同萬物的始動，人們也正是嶄新出發的時候。「豫」也就是重新整備行動的意思，您早已準備好重新出發的所有應變事宜。

在上位的領導人，確定計劃方針之後，下民必心悅誠服地追隨，毫無懈怠。所謂預感、預期、預言、預知、預告等語詞，就是表示事先知道，事先通知的意義。一代豪傑，法國皇帝拿破崙，曾經躊躇滿志的自誇：「在我的字典裏找不到困難這個字。」，對嚴冬的雪地作戰，毫無預備的他，在征俄一役，終於首次嚐到敗績，數百萬大軍因而喪身異域。

所以無論何事都應準備妥當，居安思危，高瞻遠矚，不可自鳴得意，也不可遲疑不決，隨時留意自己的脚步，因應時機，適時前進，否則樂極生悲，必將陷身危機中，就如拿破崙那般地一敗塗地。只要能隨時調整自己的步伐，順應天時而動，必能掌握成功的機會。

此卦也象徵在下位辛勤努力的人，終被世人所認可而出人頭地。暢銷的商品，却因消費者口味的變化，而導致滯銷的危機。「豫」這個字，也代表着「疏忽」，粗心大意的意義。人如果過於自鳴得意，過度信任自己的能力，雖能夠一時騰達，但終必因逸於淫樂，放浪形骸而溺於不可自拔的險境之中，一敗塗地。必須如磐石般堅實貞強，堅持中正誠信的原則，兢兢業業地前進，才能有所做爲，也才能常保和樂。

✿

西元一九七一年的九月二十日，某雜誌社的記者，要求筆者，替日本名影星石原裕次郎一卜前程。

「裕次郎危機已經結束，證明他不愧是男人中的男人，請您占卜，裕次郎是否快要結婚了。」

當時卜出的，就是這「雷地豫」。

「哦！這是萬事俱備的城堡。愛之巢剛落成，表示婚期近在眉睫。新的人生將從此開始。」

「眞是叫人羨慕。不但有金錢、又有地位，想不到還有美妻相伴啊！」那位記者似乎感慨良多地說。

「可別太早下斷語。怎麼說才好呢？如果大意的話，說不定會因交通事故，或車禍等大意的災禍而抱憾呢！」

不久之後，石原裕次郎在滑雪時，因大意而身負重傷。

我再舉一個實例。某位事業家，想開創新事業，前來徵詢筆者的意見，欲卜吉凶，當時出現的也是「雷地豫」。

「此卦意味者『春雷震撼大地』，表示新事業正當初鳴，嫩芽初綻。」我這麼說。

他聽了雀躍萬分地回答：

「如此說的話，我就可以安心地，開始籌備我的新投資事宜了。」

「不過，也不能太大意，『豫』的意思也代表預先。雖然是良卦，但也警告我們不可太過疏忽。」

「在本卦的原文中，有所謂『重門擊柝，以待暴客』的卜辭。也就是象徵『把門層層地鎖住、敲擊柝木，保持警戒的態度，以待突來的闖入者。』在事業上而言，突然闖入者，大概指總務機關吧！因此，帳目的記錄上，一定要非常仔細核對，才不致於出紕漏。」

17 ䷐ 蟄伏的雷（澤雷隨）

卦辭：隨、元亨利貞，无咎。

序卦傳說：「豫必有隨，故受之以隨」，安和樂利的社會，必然人人都來追隨。澤雷隨的下卦「震」，代表雷，而「兌」卦是代表澤，即澤中有雷，雷潛伏於澤地的深處，是靜息不動的象徵。震的方位又在東方，比喻日出，「兌」的方位在西方，比喻日落，也象徵春天與秋天。因此，換句話說，隨着時期的移轉，順應時序的運轉，個人的運氣也有強弱起伏。此卦告訴我們，在夏天轟隆震撼，大地爲之動搖的雷，一到秋天的話，自然而然會逐漸消聲匿跡。

「隨」即附和、隨和、隨從。順應時序、隨從他人、贊同立場、理想等意。凡事正確區分善惡，虛心追隨正義的話，遵順其道絕錯不了。我們常說的追隨、隨行人員、隨筆等等，都表示自己沒有主體性。

就人事上來說，卽使擁有自我的主張，也不得不放棄，稍微變通，直到下一次的天時降臨之前，都必須隨從目前的機運和在己上之人，就算自己才能出衆，但是凡事依從他人，對自己的運勢，才有決定性的好影響，萬不可逞強、鬥勝。

本卦只是運氣的低迷期而已，絕非是惡運。出現本卦時，大抵上都是從強運轉入弱運的變化時期。例如調職；遷居之前，常卜得此卦。因此，我們不得不順從新事態的變化來做事。

在婚姻方面，此卦象徵年輕的女性和年老的男性配合的情況。是年輕女性順從的卦象。雖然萬事俱備，並沒什麼大問題，但是男女雙方白髮紅顏相

「澤雷隨」顯示年輕女性和年老男人的婚姻

配的後果，年齡上的差距、價值觀的差距、時代感的差距、體力的差距等等，都是現實的問題。因此其日後家庭生活的幸福與否，則非任何人所能保證。

在愛情方面，亦可能引起複雜的變化。本卦同時也顯示年輕女性，極欲逃避，而年老的男性則緊抓不放的現象。特別是已婚的男性，爲了想和較年輕的少女在一起，而意欲和糟糠之妻離婚的時候，大都會出現此卦。

就男性本身的觀點來看，大都認爲，爲了她，什麼樣的犧牲都值得，只要能夠在一起，而她也必須順從。

18 ䷑ 盤子上的蠱（山風蠱）

卦辭：蠱，元亨，利涉大川，先甲三日，後甲三日。

隨卦相反卦象，就是蠱卦，彼此爲綜卦。蠱的意思是崩潰、破綻。從字面上可以看出，在盤子上有三條蟲。也就是代表盤子上的食物早已經腐爛生蟲，已非正常的狀態。

隨和的後果，容易同流合汚，同流合汚的結果，必導致腐敗，就如同皿中的食物腐化生蟲。比喻從太平盛世的顚峰上，逐漸衰頽，秩序崩潰而混亂。就如同一棟外觀豪華雄偉的建築物，內部早被白蟻所噬蝕。因此，必須從根本上革新，將敗壞的部份徹底根除斬斷。事先詳盡的去檢查滋生事端的部份在何處，乃是當務之急。

所謂先甲三日，後甲三日，約略有兩種說法，一說是合於祭祀的日期，也就是柔日，而柔日則是十干中，甲、乙、丙、丁、戊、己、庚、辛、壬、癸裏的偶數日子，甲的前三日，和後三日都是適宜祭祀的柔日。另一說則認爲甲是十干之始，因此引伸爲事件的發端，甲的前三日爲辛，

「山風蠱」是意味腐化、破敗的惡卦

有自新、更新之意，甲的後三日爲丁，是叮嚀之意。甲前三日比喻氣運盛極而衰，即將崩潰，事先就必須有自新的精神，防範於未然，甲後三日則意味著事件始發，尚未嚴重，應叮嚀觀察，及時挽救，切不可重蹈覆轍，一錯再錯。

出現此卦時，表示周圍的狀況相當複雜混亂，不可掉以輕心。因爲這是從平穩無事、安和樂利的狀態中，以大意疏忽，誤認安樂能長久，遂過度自信而衍生的破敗。要想從破敗中復甦，從腐化中革新，非有壯士斷腕的決心，絕無法成功。

例如，有人身體上長出腫瘤，就必須趁早切除，徹底治療才有活命的希望。所以卜出此卦時，也一定要趁早發掘出，引致混亂的致命傷在何處，拿出外科手術的方式，予以徹底切除，早日把不良的病根斬除，才能及早恢復逐漸衰微的運勢。

在占卜政事方面，這就是所謂「粉飾太平」、「欲蓋彌彰」的政治狀態。雖然外表上看來，似乎是個強力的內閣，但是內部的勢力鬥爭却非常的激烈。當公司內部，或某一團體，人事上出現此卦時，也大都是內部互相傾軋最激烈的時候。

您自己卜出此卦時，目前您正須要付出此生最大的努力，以期能夠把自己從破敗中，挽救回來。正由於自己內心的脆弱、懦弱，致使一切事物敗壞不可收拾。所以，要想挽救自己，首先就得找出自己內面的缺點，立刻對症下藥，徹底改過向善。

愛情問題也同樣，大都處於複雜且煩惱最多的階段，以男性而言，即使在外工作，內心裏仍然掛念着家庭、孩子、妻女、父母親等等，經常一天到晚憂心忡忡情緒不寧，雖然外表故做輕鬆狀，但實際上，內心根本開朗不起來，總覺得心情沈重。

此外，堅守貞潔的未亡人，突然有年輕的戀人出現往來時，也常出現此卦。未婚者卜得此卦，大都雙方關係的進展，已相當親蜜，幾乎不可一刻分離，但雙方所處的環境又相當複雜，也不可能在近期內成婚。

筆者曾受某報社之託，替岸信介占卜，當時仍位居日本首相。結果正是此「山風蠱」，顯示自民黨內部相當腐敗，早已爛蟲叢生。岸信介從不信賴任何人，他是只信自己腦筋的人。卽使像岸信介那般，擁有蓋世才華的人，仍然錯失了整頓內部爭執的危機，結果自亂陣腳。

「山風蠱」另外有一種截然不同的判卦法。六年前，晚春初夏時分的某天，一位年紀輕輕的女性，前來要求筆者一卜她的健康狀況。她告訴我：

「不知怎麼搞的，總覺得身體懶散，且有微熱，雖然找過醫生，却一點效果都沒有。請您爲我分析一下原因。」

當時出現的也是此「山風蠱」。等於是蟲裝在盤子上的形象。「您一定正在想盡辦法避孕，妳感到微熱、懶散，是因爲避孕法的不完全狀態，而引發的血行不順。不是什麼大毛病，請勿擔心。但是如果您能夠採取較健康的避孕方式的話，我相信這些毛病立刻會治癒的。」

事隔五天之後，這位小姐前來向筆者致謝，她很高興地對筆者說，微熱不但已經立刻消失，同時身體的倦怠感也完全康復了。

19 四季的推移（地澤臨）

卦辭：臨，元、亨、利、貞，至于八月有凶。

臨的意思，本是由上往下觀察，俗語常說：「居高臨下」，但本卦之意不僅是由上看下而已，同時一切事物，都應該由己方向對方推進，以威勢緊迫盯人，因此又有監督、領導、統治的意思。序卦傳上說：「有事而後可大，故受之以臨，臨者大也」，因爲發生事件，然後才能夠大有發展，因此絕不可等，應該積極主動參與。

我們也常說：「臨機應變」。本卦比喻，順應天時的動向，自己應該巧妙適應天時的推移。換句話說，腦筋的移動須迅速而靈光。本卦亦是個強卦，就如同考慮適應春天的同時，也應考慮如何適應秋天，自己腦筋的機敏性是絕對必要的。例如穿着應依場合氣氛的不同，而有適當的裝扮，但更要念及，這種服飾能夠適用多久，下一次的流行服飾又如何，也須事先考慮到。

在戀愛、結婚方面，必須絕對禁止見異思遷的感情態度。年輕人喜歡喧嘩熱鬧的氣氛，也更樂於沈浸在甜蜜的生活中。雖然很快就進入難分難捨的熱戀狀態，但同樣的，分手也更快。總而言之，爲了將來的正式結婚着想，還是不要過於深入較妥當。

本卦的下卦「兌」是悅，上卦「坤」是順，愉悅而且順從的話，必能使願望亨通。所以在占卜職業運方面時，如果能夠心誠意正聽從部下或後輩的建議，付諸實行，推展最新的優良政策，必能有一番做爲。如再遲疑不決，卽是時代的落伍者，趕不上巴士的傢伙。

西元一九六一年的秋天，筆者應某報社之邀，爲池田勇首相占卜。卜出的結果正是這「地澤臨」。池田勇首相當時所推行的國民所得倍增計劃，的確是適合時宜的偉大計劃。日本民衆幾乎全部額首稱慶。但是春夏會推移，世界情勢也在改變。國際收支全是赤字，物價高漲。時勢如此，所得倍增計劃，早已不合現實的要求。「池田先生非得改頭換面不行，此一所得倍增計劃也非得大幅度修正不可」這是當時我對「地臨澤」一卦的解釋。

總之，臨卦最重要的在告訴我們，凡事不能坐以待之，須順應天時的運轉，積極主動地行動。因爲天時、良機稍縱卽逝，必須及時運用智慧，適時掌握良機的中心，否則成爲時代所遺棄的人。

20 吹遍大地的風（風地觀）

卦辭：觀、盥而不薦，有孚顒若。

風地觀之卦象又和臨卦正相反，彼此也是「綜卦」。臨是曲上往下觀察，觀是由下往上看，彼此都互相監視着，所以臨與觀卦交互作用。前面也說過，風地觀亦是消息卦之一，陰漸長而陽漸消，代表八月的天候。

從形狀上，很容易就可看出，這是風在地上吹的形象。此卦象徵風吹拂地上的感覺，因此，所有事物都空洞虛無，同時也是情緒不穩定，易於隨環境而動搖的時期。在這種空洞且不穩定的時期，您應當如何自處才是可行之道呢？在此時期應該停頓下來，保持穩重不動較爲吉利。

如同日本戰國時的武將，武田信玄揭櫫的旗號「風林火山」的信念，「疾如風、靜如林、猛如火、不動如山」。讓心情冷靜沈着，穩如泰山，紋風不動，毫無所惑。

「觀」這個字並不僅是「觀、看」而已，其中也包含思索、反省之意。特別是現代的政治家。在分析「觀卦」的時候，更應考慮到對自己政治的反映如何。因此，觀卦所表現的重點，精神面大於物質面。對學問、研究、信仰方面而言，是個大吉之卦。在精神面的進步發展相當神速，但在物質面上，則不可能有太大的期望。

您是男性的話，在觀卦的卦象中，是個理想家，也是個觀念性行動的人。依性格之不同，有些是略具頑固而討人厭的人。

如是女性的話，心思易受精神和信仰方面左右，擁有細微的觀察力，同時理想也高，選擇丈夫的時候，常因無法獲得理想與現實的一致，而苦悶不堪。因此，此卦中，身爲女性者，絕不可過於好高騖遠。稍微把目標降低一點，必可早日擁有幸福。

⁂

西元一九五九年，日本東映隊的山本八郎選手，在五月二十日，東映隊近鐵隊的比賽中，第二次在球場上動粗揍人，終被判定無限期禁止出場比賽。在日後他的修養收斂期間，某位和棒球活動有關的人士，詢問筆者：

「第二次的暴行事件後，山本八郎仍會復出嗎？在這一季的棒球場上，他會出現嗎？」

當時卜得的就是「風地觀」。我判定：

「雖然風吹大地，揚起陣陣飛砂，但只要大風平靜下來，漫天黃砂，也終會趨於靜止無息，

坐禪修身是反省自己

同時『觀』又有精神生活的含義在內，假如能利用坐禪等方式，調養身心，監督他行動的領隊，也會感到應該讓他復出。或許在七月份左右會再度返隊，參加九月份的球季吧！」

我的預卜，竟然絲毫不爽，但在今後，採取行動之前仍須三思。「觀」就是「看」，亦即自己「看清」自己，自我反省是最重要的一環。

21 ䷔ 被啃噬的食物

（火雷噬嗑）

卦辭：噬嗑，亨，利用獄。

噬是「咬」，嗑是上顎和下顎合攏，噬嗑就是上、下齒顎互相咬合，將吃的東西予以咬碎的意思。序卦傳上說：「可觀而後有所合，故受之以噬嗑，嗑者合也。」無論多可口的牛排，如不用刀予以切開，用牙齒在口中嚼碎，徒然囫圇吞棗、絕無法下嚥。再說，如不充分細嚼，舌尖也無法品嚐出其滋味，更不用說能在胃裏面消化，吸收養分。

火雷噬嗑，陰陽各占一半，象徵陰陽相輔，剛柔相濟，下卦震「動」，上卦離是「明」，象徵充沛的行動力。卜得此卦時，表示您生活力豐盛，是意欲旺盛的強運。也是您面對目標，氣勢強烈地猛進的時候，雖然在到達目標之前，仍有障礙存在，但只要把那道障礙粉碎，必能萬事亨通，安抵目的。因此，卽使目前面對難關的阻撓，也不可對所有事物欠缺積極性，更不可因中途的挫折而灰心，要勇往邁進不斷衝刺。總而言之，絕不可或忘熱忱和努力。無論競爭多激烈，只要全力以赴，必可獲意料之外的成績和利益。

另一方面，再看看本卦的卦形，從上往下算的第三卦是陽，表示本卦有不平衡的現象存在。不平衡則成爲彼此誤解的根由。因此，就人際關係而言，特別是夫妻之間，出現此卦時，也正是家庭內爭吵得最激烈的時候。因爲夫妻雙方，都屬於脾氣暴躁的個性，少買些碗盤較妥當，否則到時總會有兩三個飛到彼此的額頭上。但只要存在彼此間的這道障礙，能夠予以噬嗑，則重修舊好的濃情蜜意，非筆墨所能形容。

夫妻間最大的障礙，一般不外乎婆婆或小姑的作梗，或感情上的疑惑所導致，在這種狀況下，卽使怒氣沖天：「妳給我滾出去！」「哼！滾就滾有什麼了不起！」實際上，要想就此分手，還眞有點捨不得。一方面，丈夫不願意讓太太看到自己脆弱的一環，而虛張聲勢、裝模作樣。另一方面，當太太的却又想盡辦法，要逮到丈夫的小辮子，經常是氣焰囂張、粉腮大鼓，絲毫不肯放鬆，當你卜得此卦時，最好自認這是前生註定的宿命，今世才會如此水火難容。不過，卽使吵歸吵、罵歸罵，到頭來，就像下雨反而使地面更形堅固一樣，倆人的愛情必一天堅似一天。

就年輕人的相親、結婚來看，所謂中間障礙，大概是指隱藏於背後之對方以前的異性朋友，或者是生活上的煩惱，目前仍無法完全下定決心。此時，應想辦法找出彼此精神或物質方面上的共通目的。例如以兩人同樣喜歡的電影爲話題，談談那黛絲姑娘給你什麼樣的啓示啦！」或「異星人表達了些什麼呢！」等等，以探討出妥協點。

※

西元一九五九年八月左右，某位好友請託筆者，爲山下太郎的阿拉伯石油公司占卜，在海底石油的探測方面，是否有成功的希望。當時山下太郎在海底石油的探勘上，已投下二十億日圓以上的資金，仍沒有成功的徵候，山下太郎幾乎已被認爲是個大騙子。當時卜出的，就是這「火雷噬嗑」。

我對那位好友說：

「『噬嗑』是噬嚼難關的卦形。另一方面，『噬嗑』是買賣中的強卦，因此，山下太郎的海底石油採勘，必定成功無疑，不會失敗。」

不久之後，西元一九六一年的一月三十日，第一次噴油終於出現，直到他今天的輝煌騰達。

22 ䷕ 夕陽映照下的紅寶石（山火賁）

卦辭：賁、亨。少利有攸往。

賁是裝飾的意思，本意為貝殼的光澤，由此引伸而有裝飾的意義。以自然現象來比喻，就如同「晚秋夕陽下飄零的楓紅」予人的感受。在即將西沈的夕陽餘暉下，天地間的景象，皆沈浸在燦爛的萬丈金光中。

這是大自然的美景。以人類或社會現象來做比擬，「賁」是代表末期的殘缺美。法國路易十四到路易十六絢爛華麗的王朝就是很好的例子。當一個鼎盛的王朝因過度的發展，而逐漸開始式微時，藝術創作大都已遺忘初期的豪放精神，轉而崇善殘崩的美感，山水賁就是如此的一種狀態。

以我們日常的食物爲例，一眼望去，似乎相當美味可口，俟迫不及待料理好擺在桌上後，不但味同嚼蠟，而且毫無營養可言。在事業上卜得此卦時，外表門面的裝飾，應適可而止了，內容上的充實，較易獲得實質上的效果。

然而如山顛的夕日一般，餘暉所能普及的範圍相當狹窄。自己的預測，也無法觀察到久遠的地方，甚至於會判斷錯誤，說不定因此而被詐欺犯所騙，小心上當爲要。即使碰到一樁條件相當不錯的生意，也不必過於積極，一定要認眞從內容上再三調査才行，不過，在小事件或近程的買賣方面，却有相當的成就，訂立契約時，須踏實謹愼地從事。

婚事方面，相親後婚事泡湯的情況常有，爲什麼？因爲現代攝影的修改技術，要造就紙上美女、美男子是輕而易舉。因此別忘了事先做詳盡的調査，免得到時候大失所望。

在本卦中的男性，個性稍微頑固。另一方面，想領導女性而硬強要女性言聽計從。相形之下，這類男性較喜好浮華的裝飾，也有文學上的興趣，但實際上却是心浮氣躁，心無點墨的類型，所以也有裝模作樣的傾向。女性的話，外表粧扮華麗、好裝飾，在衣着方面對色彩的感受性敏捷，連最細膩的地方，都觀察入微。性格易於誤解他人，但內心却渴望早日爲人妻。這類女子適宜從事插花、茶道等古典的藝能技術。

❀

我常聽說：「日本東映電影公司的當家巨星大川橋藏，和大川董事長姓氏相同，而且又是時裝劇的天之驕子，不知大川橋藏日後的發展如何。」

西元一九六一年的十二月十五日，筆者受託爲大川先生占卜。當時出現的就是這「山火賁」。

「賁」卦是從事藝術、文化、藝能方面的上上之卦，象徵人工性的美感。雖然競爭者衆多，但由於天時地利，在工作上能夠充份發揮。此後卽使以旦角的姿態出現，在舞台上的成就仍然非同凡響。

賁卦也表現出燦爛輝煌的舞台生涯，因此戲劇生命長遠，在電影上則是旦角的象徵，可得色彩上的成就。

23 ䷖ 逐漸崩潰的高山(山地剝)

卦辭：剝，不利有攸往。

高聳入雲的崇山，經過風雨不斷的侵蝕，終於逐漸崩毀。剝是剝落、侵蝕的意思。前卦的山火賁注重文飾的結果，實質不存，只是形式上的虛飾，不免要產生剝落的現象。從卦形上可看出，陰氣逐漸向上逼迫，僅剩下的一個陽，也已到了盡頭，即將完全崩毀。因此序卦傳上說：「致飾，然後亨則盡矣，故受之以剝也。」剝卦在天候上，也是消息卦之一，代表九月的天氣。

所謂「剝奪」，是強行脅迫奪取侵佔的意思。「剝落」則是浸蝕斑剝掉落，剝離是撕揭使離原位，這些語詞全都是意味從某物體上硬把某物強行剝除。「追剝」也是含有強行逼近而拔除之意。追剝這一詞在現代文章中，已很少應用，但是其所代表的意義依然存在。

剝卦陰盛陽衰，代表小人得意、君子困厄的時期，內坤是順從、外艮是停頓，順從而停頓不前，也就是比喻剝落。因此卜得此卦，表示你處在運弱的倒楣期。從卦形上也可看出，五陰正吞

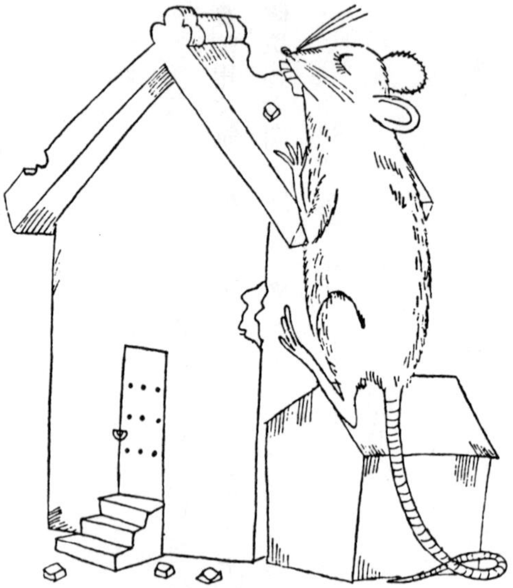

老鼠吞食倉庫得險卦

噬着一陽，小人猖狂，正道不伸，縱有遠大的理想，才高八斗，仍然絲毫不得前進一步。古人曾說山地剝是「老鼠噬穿倉庫象」，可見雖然倉庫外表宏偉堂皇，似乎是堅固無憂，而倉庫中屯積的五穀，卻早已被老鼠破壞無遺，成爲空殼。所以在這種時候，如果信用別人，將自己的工作全數委託他人時，無異是養虎爲患，恐有被吞食之虞。

以此卦的感受性來比喻四季的推移，給人的感覺是冬天。以一天來比擬，是日落西天的傍晚。目前以人爲的能力無論如何也無法挽救衰退的運勢，請注意不要採取任何強烈的反擊，以免招致自身災害。最好謹愼容忍，絕不可採取任何積極性行動。

剝的另一層意義，是成熟的果實落地，從落地的果實中再度萌芽的象徵。所以卽使遇到最惡劣的事態，只要出現此卦，表示一切都將脫胎換骨，邁向新生，從頭開創人生。

就婚事而言，請仔細看看卦形。一個男人和五女在一起，可見相當不平衡。相親的時候，常會故裝淑女、紳士狀，以高貴的談吐和儀態款款而談。事後應仔細調查淸楚，免得受騙上當。稍有疏忽的話，說不定女方就此硬賴在您頭上，怎麼甩都甩不掉（日本人稱這種女人爲押掛女房，意卽強嫁給男方的女人），甚至貪圖男方的財勢，或爲達某種私人目的而結婚，也不無可能。

男性卜得此卦，是身邊有太多楊花水性女人纏着，此非可喜現象。或女方個性強硬，如母夜叉般，男方則蹣蹣跚跚畏畏縮縮。女性的話，大都是對方並非原先心目中的白馬王子，沒想到却陷於情海而無法自拔，此時的迷惘心情下，最易出現此卦，此時和藝術界人士親密交往，成天浪費大把鈔票在禮物、交際費上。

❀

十年前左右，一位年約三十六歲的企業家，請託筆者爲其預卜未來一年中的運勢，所得的就是「山地剝」。

「這並非吉卦。『山地剝』表示『內部空洞』的意思，從卦形上來看，可以解釋成「一陽對五陰、欲振乏力』。首先，在事業上能協助您的人少之又少。再說資金方面的運轉也非常困頓，我勸您立刻終止表面上的浮華虛飾、腳踏實地，紮實地從最基層上認眞做起，採取堅實的態度，謹愼行動較爲妥當。」

此外，山地剝又含有高山崩毀的意義，請問您住在什麼樣的地方呢？這位先生的家，竟然在一山崖的下方處，背靠山崖。

「如此的話，請您更應該謹愼留意。因爲山地剝也有跌打損傷、和從高處墜落的含意。」

同年的十月，這位年輕企業家，頭上綁着綳帶，再度造訪筆者。

「老師，您眞是料事如神啊，前幾天颱風過境，刮落屋瓦，結果就變成這樣了。」

24 ䷗ 春天復臨（地雷復）

卦辭：復、亨、出入无疾、明來无咎。反復其道，七日來復，利有攸往。

此卦和山地剝彼此是「綜卦」，一剝一復；相互作用，卦形上下相反，復是歸來，恢復原狀的意思。從卦形上來看，所有的陰逐漸轉變成陽，序卦傳上說：「物不可以終盡，剝窮上反下，故受之以復。」我們知道，易卦的形，都須由下往上看。

「地雷復」可以說是大地的暖和復甦，再次形成為準備迎接春天的機運之態。一到春天，草木萌芽，百花含苞待放，最後終必結成果實。像這樣地，隨着四季的變化，陰去陽來，萬物生生不息，此卦相當於早春之際，和前卦相較之下，又已向前踏出一大步了。

「往復」就是已出去的東西，再度返回原出發之位。所謂「復元」、「復原」就是使事物回復其原位。「復」這個字，含有「讓所有的東西復歸其原來應有的位置上」之意，恢復原位的東西，再次又調整步伐，從第一步開始踏出。

「復」在易占上，被認為是從冬至到新年的這一段期間。冬至，也就是我們常說的「一陽來復」，也是春之神重臨大地的那一天。象傳上說：「雷在地中、復，先王以至日閉關，商旅不行、后不省力。」復卦的上卦「坤」是地，下卦「震」是雷，雷隱於地，靜待陰陽激會時，才能激發巨響，目前則蓄勢以發，因此古代中國的聖王，在冬至這一天，關閉全國所有邊界的關口，不使來往的商旅通行，國君不但不巡視天外，也終止所有政治行事，清閒舒鬆地策定新年度的國家大事。中國古代的國君，在決定治國大策時，常以「易」來判斷其所行的吉凶程度。以現代人來說，我們也應該在前一年的冬至這一天，在滿潮的時刻，占易以判斷我們明年的運勢。

當我們想從事某件工作時，須充分地透視未來的路途，可能將會發生的變化。當然，這可廣泛應用到各種場合，特別是在「復」一卦出現時，如果略有犯錯，就得及時改過，朝正道而進。因此，下一階段應如何進行，必須從最眼前的小事，高瞻遠矚到最邊際的未來，立定完美的計劃，以靜待動，蓄勢積極前進，這才是復卦的眞髓所在。所謂「七日來復」，從前述的消息卦來看，一陰開始於代表五月的姤卦䷫，然後陰勢逐漸上昇，來到復卦的䷗，其間剛好經過七個變化（七爻），將一爻看成一天，所以說一陰到一陽復來，共歷經七日的時間，所以才叫「七日來復」。換句話說，凶也終會轉爲吉，危也終會轉爲安，這是大自然永恒不變的

對再婚者是良卦，初婚者是兌卦

法則，陽剛漸次出頭之後，必有利於積極的行動，所以「利有攸往」。

對結婚或戀愛來說，再婚者和破鏡重圓的夫妻，在此卦中是上上卦。但如初戀者而言，地雷復却非良卦，即使戀愛成功而結婚，但可能會不歡而散，不是離家出走，就是離婚。

夫妻因爭吵而分居，卜得此卦的話，相信不久之後，必會立刻言歸於好。年輕人出現此卦的時候，在約會時，氣氛雖然相當怡人，但是婚事方面，却還得等一段時期。因爲這是一男配五女的卦象。所以，一般而言，彼此的感情，大都止於普通的友誼而已。

當筆者初學易占的時候，鄰居太太家中的一隻猫失踪了。

她來找我，告訴我：

「我最疼愛的那隻猫，已經三天沒有回家，不知道現在怎麼樣，牠一定餓壞了。」

當時卜卦的結果，正是「地雷復」。

「請妳放心，『易經』上有說『七日來復』，既然已經三天沒有回來，那麼四天後一定會回來的。」我這麼告訴她。

不久後，那隻走失的猫眞的又回來了。

25 ䷘ 天的運行（天雷旡妄）

卦辭：旡妄，元、亨、利、貞。其匪正有眚，不利有攸往。

沒有什麼欲望，也不虛僞做作，一切順應自然，稱之爲「旡妄」。換句話說，依照天地間原本的姿態，不以人爲的技巧掩飾，凡事以自己原有的形象來行動，這樣本是符合自然的理法。所謂「旡妄」，就是說，如果並不是天意有心欺弄世人，也不是特意協助世人的話，那麼，晴雲風雨全都是自然原來的眞面目，絕非天意。

因此，只要順從天意，聽其自然，必能吉利，但如果稍有不正的舉止出現，那就是故意造業，如此一來，必有禍害降臨。一切順應天理的自然法則，委諸於天道，不要自做聰明，所謂「聽天由命」，正合乎天雷旡妄的原則。即使事先已有完美的計劃，但在無可奈何不能前行時，就讓一切任其自然，「聽天由命」吧。這種狀況下，旣非積極地行動，也非消極地一味逃避，而是在自然之中，靜受天命的安排，這才是卜得妄卦時，最適當的處置法。

如同賽珍珠女士在世界名著「大地」一書中所描述的，王龍正想收割的時候，一場暴風雨驟至，再加上大群的蝗蟲過境，結果大片待收的稻田幾乎只剩下稻根。碰到這種天災，已非人力所能挽救的。可見王龍千辛萬苦栽培的稻作，受到雨、雹的禍害，並不是上天故意如此作弄人，也不是王龍做出對不起上天的行爲，才引起天譴。只是蝗蟲「偶然」地，正好路過該地，把稻米蹧蹋得慘不忍睹，這並非天意，而是「偶然」加諸於王龍身上的被害和損害而已。這樣的狀態，非

現在是把一切委諸自然發展的時期

人們所預先想像得到，也非天意使然，事出無奈，只得以「无妄」來加以解釋。

話說回來，如果王龍因此而變得意志消沉，不再努力耕做，後果又會如何呢？是不是就此更加窮困呢？但是王龍却再次堅強的站起來，絲毫不違背天意（在妄卦之中，故意違背天意，表示將得不到天佑），繼續踏實地努力。所以託天之意，他終於獲得最大的成功，永享幸福的人生。

因此，卽使面臨最惡劣的事態，只要順應天理，因應天時，悠然自得，心中毫無任何分外的欲念，絕不強求任何事，直到這段惡劣時期渡過爲止，一直平心靜氣守成自重，必得大利。同時從事修心養性的調劑，例如研究學問、園藝、追求樂趣。更重要的，須有達觀的心境，莫把不幸當成不幸，聽其自然最後必有善報，只問耕耘不問收獲，才是「妄卦」的眞髓。

在婚事方面，也是處在任其自然發展的時期，用不着以特別積極的技巧追求，最後天時到來，自然而然的會有美滿的結果。戀愛、感情的事情，本來就會有糾葛存在，但在目前，除了等待時機，讓自然來協助解決之外，其他絕無任何方式可尋。

某天有一位看來四十二歲開外的男性，前來造訪筆者。據他說，目前依靠雙親遺留下來的土地和家屋生活，但是大部份的土地都不得不變賣，這次他又必須把自己的住家出售，請求筆者一卜吉凶。當時卜出的就是這「天雷无妄」的卦。我對他說：

「一切任其自然發展——這就是本卦的意思，但也不是說現在就可以把房子賣出去。說不定房地產價格會上漲。把一切委之於天時的運行，忍耐等待天時來到吧！」

聽我說完後，他沒說什麼就離去，五個月之後，他寫了一封信給我，經由他父親一位好友的介紹，而找到一份工作，再也沒有必要賣房子了。

26 ䷙ 稻米積滿倉（山天大畜）

卦辭：大畜，利貞，不家食吉，利涉大川。

山天大畜和前面的天雷无妄，卦形上下相反，彼此是綜卦。不虛僞必然會積善，能積善者必不虛僞，相互爲輔爲用。因此序卦傳上說：「有无妄，然後可畜，故受之以大畜。」秋天的收割後，晒乾精選的稻米，全被裝入大麻袋中，塞滿整座穀倉。所以大畜是大量的囤積起來，比喻充滿着充實感。而這份充實的力量，則永遠蓄積在體力，等待足以大肆發揮的時期來到。

此外，「大畜」也是大力地停止、留住，以爭取時間的意思。無論任何人，如果想要成就非凡的豐功偉業，必須大量地培養自己的能力才行。不但提高知識水準，提高品德修養，在物質上也須有充份的準備，然後才開始行動，這就是大畜的眞正意義。所謂「家畜」、「畜養」、「畜力」等語詞，也是留住而蓄養的意思。在日常生活中，如能稍微停頓，以培養體力、精神力的話，隨時都可開始新階段的衝刺。

「山天大畜」是筆者本身最喜歡的良卦之一。只要看到這一卦形，無論遭遇到什麼樣的困難，在渡過難關的過程中，毫不覺辛勞，只須四平八穩地坐下來，就能夠心曠神怡注視着目標。在運勢上來說，凡事都可往最佳的方向來下判斷。「山天大畜」是您能夠充份靈活運用自己的經驗、實驗的時期，地盤已趨穩定，新買賣的巨額契約不成問題，是朝新方向發展的卦象。雖然處心積慮地經營，但成果同樣豐碩，奮鬥的時間越長，成就也愈可觀。

在婚事方面，透過正式媒人介紹者，絕對是天造地設的良緣。男性大多是品性端正的宏才大略之士，積極進行的話，洞房花燭夜當指日可待。男女自由戀愛結婚的時候，會遭受長輩的阻撓，雖然會有些不愉快，不過，既然眞心相愛，應同心協力，採強硬的態度來爭取最後的勝利。總而言之，在「山天大畜」一卦中，無論男女，大都是對生活、愛情抱着認眞的態度的人，一旦有結果的話，不會是吵吵鬧鬧的婚姻，也不是容易起衝突或分手的脆弱婚姻。

男性方面，爲對自己將來的事業，抱有絕對希望和信心的人，不是那種隨便受人惡意攻訐的平凡人物。女性方面，雖有逞強、任性的缺點，但在處理家務方面，却是有條不紊，整然有序。結婚後彼此都以誠摯的態度面對生活，勤於自我修養，不斷培養實力，至少在教養上絕不會落於人後。夫妻雙方都在外任職更是利上加利。

※

這是一位終受幸福女神眷顧的小姐之故事。她是在某雜誌社任職的先生的妹妹，兄妹兩人，實際並不是眞正的親兄妹，當獨生子參加太平洋戰爭時，孤單在家的媽媽抱養了一個女孩子，而這位女孩子自幼便失去雙親，她是三姊妹中的老二。

這位小姐的媽媽初次帶她來造訪筆者，是正當二十二歲的綺麗年華，而且從來沒有人上門提親，更別論男朋友或戀人。她媽媽很擔心地問：是不是眞的找不到好丈夫呢？占卜的結果，正是「山天大畜」。

「您看這不是很有希望嗎？只要一有人上門提親，必然接二連三地接踵不絕。本卦是『大畜』，也許還得稍等一段時間吧！我認爲對方必定是個擁有相當資產人家的少爺。同時更是個想以自己的能力成家立業的有志之士，這樣前途光明遠大的靑年必會出現，目前不用焦急，只要靜心等待就行了。當然也不光是等待，在日常生活的餘暇，學些洋裁或烹飪等，以待大喜的那一天來到。」

占得此卦是在春天，到秋天的時分，母女兩人滿臉欣喜的來造訪筆者。原來她們返家之後不久，果眞上門提親者不計其數，其中有一位，正是「畜卦」中所暗示的那位白馬王子，筆者聽了也非常爲這位小姐高興，我親自前往道賀。目前他們已經有個可愛的小寶寶，一家人過着幸福美滿的日子。這位小姐事親至孝，對媽媽百依百順，也許正因爲這位小姐的孝心，上感蒼天，所以才有緣卜得此山天大畜的吉卦，而永享幸福！

27

上顎與下顎（山雷頤）

卦辭：頤，貞吉。觀頤，自求口實。

山雷頤的形象，類似一個張開的嘴巴，上下牙齒相對，食物由嘴裏進入體內，以滋生養份，所以頤卽是養的意思，因此序卦傳上說：「牌畜然後可養，故受之以頤，頤者養也。」頤當然也代表用口吃食物或飲料，但知識或思想的吸收等精神性活動，也同樣包含在頤的意義內。暴飲暴食會鬧胃痛，損害身體的健康，個人的思想和知識也非採正道不可，否則必步入邪道。

如卦辭所說，觀察一個人平生盡力在培養些什麼樣的事物，以及他用什麼方式填飽口腹，養活自己，就可了解必須行正確之道，才能吉利。因此，當出現此卦時，以消化為作用的器官如胃腸、牙齒等，在健康上已經亮起黃燈，須多加注意。好說話、多嘴而誤事，或應當起來仗義直言時，卻偏偏不說，在這種最易招致誤解的時期中，最易出現此卦。俗話說的好：「禍從口出」，卜得此卦時，在說話上一定得小心謹慎，切記。

如果是志同道合的好友，可精打細算一番，聯合投資自組公司，頗能有一番作為。就像吃東西時，上下顎緊密地貼合在一塊。

婚姻方面，兩人賺錢供養個小家庭，該沒什麼大困難，這是你倆肯不肯奮發向上的問題。但到了老年的話，假牙已經難以咬嚼食物，因此比喻生活的窮困，無依……。總而言之，雖夫妻雙方共同工作，生活也不以爲苦，但怎麼說呢！這是兩人眞誠相愛，也怨不得誰。在本卦中，女性反而能夠理解丈夫的工作性質，只這一點，就可稱得上幸福吧！

年輕的情侶們，目前正是排滿約會節目，看電影、逛街、聽音樂，在咖啡廳內對看發呆，在自助餐廳吃簡單飯菜，也覺得山珍海味的最幸福時刻，但是當你倆沈醉在戀愛的甜蜜時，別忘了認眞考慮今後現實生活所即將面對的各種實際問題。目前你倆都靠父母親養活，當然無憂無慮，如果不早日計劃你倆職業的話，恐怕快樂的日子再也沒多久了！別忘了愛情還是須要麪包來滋養。

※

有位經常協助筆者處理事務的大學生，在他就職時，我替他占卜，結果正是山雷頤。他告訴我，他很想進F銀行服務。看了卦象之後，我這麼告訴他：

「『山雷頤』最適合就職考試。卦辭上說『觀頤，自求口實』，這句話表示，不用依賴父母的援助，以自己的能力養活自己。此外『頤、貞吉』，表示可成爲一個符合社會規矩的堂堂正正社會人士。同時在本卦的原文中，也有『顚頤吉、虎視眈眈、其欲逐逐、无咎』的說法，這表示老虎只要一發現目標，一定要把該獵物弄到口才罷休，只要您不氣餒，努力以赴，最後必能通過考試，進入F銀行服務。」

不久，九月中旬左右，F銀行決定錄取他，進入該行服務。

28 ䷛ 背負的重擔（澤風大過）

卦辭：大過，棟橈，利有攸往，亨。

從卦形上來看，「大過」和「山雷頤」的陰陽爻完全相反，這種形狀，稱之爲「錯卦」。供養過度，也就是責任過重，負擔過重的意思。在您的運勢中出現此卦的話，表示目前您正面對着極端的危險，但也不可因爲危險就停頓所有的行動。以堅強的意志力，征服苦難，危險後的喜悅，自不在話下。所以序卦傳上說：「不養則不可動，故受之以大過」。

就事業運來說，因爲公司內部人才過剩，結果反而導致失敗。因爲「棟」是屋樑上的脊木，「橈」是彎曲。如以一根木材來做比擬的話，中間堅硬，兩端軟弱，不能承受屋頂的重壓。因此，如果事業上稍過度擴張時，則必導致資金週轉失靈的現象。

另一方面，「大過卦」又像是兩頭身體纏繞在一起的蛇。這麼解釋的話，想必您對戀愛和婚事，也不難想像其中的狀態吧！反正兩人的感情既不能說很好，也不致於多惡化，只是保持若即若離的狀態。例如年長的男人被年輕女子所迷，兩人僅因肉體上的需求而保持似有似無、若即若離的狀況下，最常出現此卦。相反的，女性就如同晚春飄零的櫻花眷戀著最後一瞬春光般，難捨深戀的年輕男子，而無法自拔時，也易出現此卦。雖然周圍關心的人，一再勸導，「這種畸型的男女關係，實在要不得，趕快慧劍斬情絲吧！」但是當事人雙方絕無法就此分手。話雖如此，這也並非能夠維持多久的緣份。

陷於此種畸戀中的男女，最好能夠後退一步以減輕負擔，同時也應避免過度勞累，應該更以豐裕寬做的心胸，建立完整的計劃，以迎接卽將來臨的下一個運氣。「大過」卦出現的時候，須等待所有的惡運期渡過之後，才再次起步。

筆者曾爲日本國鐵隊的德武定之選手，預占成績。當時所得的，卽是「澤風大過」。

此卦是「背負着重擔」，在普通的運勢來說，是個相當惡運的卦象。就比賽的運勢上來看，責任感沈重，而且身體失却柔軟性。在比賽時，一心只想獲得更好的成績，但愈是心思如此，心理負擔愈重，也就更引起身體的疲勞。我當時在週刊雜誌上的判語是這樣的：

「短時間內會相當地辛勞，雖覺得負擔已減輕了，可是依然無能爲力。短暫困頓後卽吉。」

果然在衆人期待這位新進選手，能有卓越表現之下，仍然叫大家失望，成績平平。

29 ䷜ 不吉利的黑河（坎爲水）

卦辭：習坎，有孚，維心亨，行有尙。

坎卦是代表「水」，上下兩個水重疊，象徵烏黑的流水捲成漩渦而下流。在深不見底，陰森恐怖之中滾滾而流。比喻人生流轉、陷落的時期。坎卦的眞意就在此。是個相當不吉利的惡卦，也是煩惱之卦。「坎爲水」也是易經四大難卦之一。

出現本卦，也正是個人陷於四苦八難的境地時。流水兩段相疊，不是被激流所冲走，就是陷於漩渦中而不可自拔。在這種時期中，一定要抱持絕不爲所動的堅強信念，同時痛下覺悟，非得游過此急湍不可。如果這時候，您正戀愛中，則更須要大徹大悟，這是您命中註定如此，非分手不可。處在這種四面楚歌的險地中，絕對要有不懼任何艱難的堅定信心，不可輕舉妄動，只能在唯一的眞實之道中求生存，別無他法。

如果您一直在平穩無事的安定生活中渡過，然而却卜出此卦來，請小心警戒詐欺和竊盜之難。同時也有因事故受傷之虞，許多人會因此在愛情方面，留下此生永遠無法復原的重創。對此卦有益的，只是學問、研究、宗教等有關精神面的修養而已。

健康上，則會有酒精中毒、慢性腎臟病、視力衰退、精神錯亂、歇斯底里等症狀出現。平常身體強健的，也會因過度疲勞，而有盜汗的現象。女性則正是月事不順、情緒最惡劣的時分。妊娠必難產。不過相反的，也有雙胞胎的可能性。

婚姻問題方面，頗不樂觀。連最平常的狀態都構不上。本卦也意味着，爲求脫離目前的困頓而結婚。由於男女雙方都有嚴重的煩惱，所以在求婚事吉凶時，本卦是難以成親的凶卦。對那些以眞誠之心、互慰互助的年老再婚者此爲吉卦而已，但⋯⋯⋯⋯。

男性在本卦之下，再婚者較多。幾乎全部在此卦中的男人，都是另外還有其他戀人。而且經濟能力不富裕，經常囊空如洗，也不是個能夠長久任事的人，經常一天到晚變換工作。

婦女方面，有許多人天生就得負擔家庭的辛勞。有些是由於精神上的煩惱，再加上物質上的拮据，最後終於墮落風塵，終生都在可悲的風塵中打滾。在古代，那些雖然意志堅定，然終究一再被人到處轉賣的女人，大都常卜得此卦。

總而言之，只要出現此卦的話，就如同等待大洪水消退那般，無需思考對策，儘量避免接近險地，明哲保身，就不會有災禍。

西元一九五九年的春天，正是乍暖還寒時分，日本全國因「空中小姐謀殺事件」而幾乎舉國騷動。某位熟識的記者，前往現場採訪打撈落水的屍體之新聞後，順道造訪筆者，提及謀殺案的疑點時，筆者占了一卦，所得的正是「坎為水」。表示事物被捲入深不見底的漩渦中，隨波而流失的意思。換句話說，這次的謀殺案，非

被捲入兩股漩渦內的惡卦

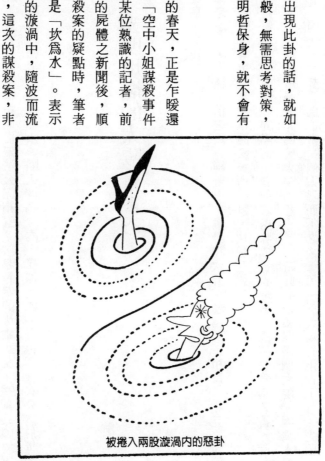

警察的權力所能處理，警察也因某種顧慮而無法公開指責。該謀殺案的涉嫌神父，潛乘某國的軍用飛機，逃離日本。事後證明，此一事件永遠陷入漩渦之內，撲朔迷離，再也不會有公諸於世的一天。

30 ䷝ 光明燦爛的太陽（離爲火）

卦辭：離、利貞亨。畜牡牛，吉。

離爲火，上下都是離卦，這種卦稱之爲「純卦」，離卦和坎卦、陰陽爻正相反，相互之間爲「錯卦」，因爲遭遇危險就得攀附某物以脫險，所以離、坎相互爲用。

初夏的太陽，陽光逐漸轉強，燦爛的陽光，普照着茁壯成長的嫩葉。濃醇的綠葉芳香，就如同熱情洋溢的青年人活力。離卦蘊涵著光明、太陽的意思。同時此卦也象徵兩個太陽。因爲本卦是由兩個火組合而成。因此，本卦意爲：當一個太陽西下之後，另一個太陽必迅速上昇，光明永不磨滅。

例如皇帝駕崩，嫡長子必須刻不容髮的繼位，以承國禮並安民心。所以中國嫡長子的居處稱爲東宮，東宮一字就是由「離爲火」一卦而來。

那麼，卜得此卦時，又該如何處理呢？

太陽因爲高掛天空，普照大地所以才有其身爲太陽的價值。同樣的，個人依自身所處環境，和依存的立場之不同，仍然能夠充份發揮自己的能力。所以本卦是個相當不錯的良卦。在面對實際問題方面，就要接觸火堆一樣，凡事需以愼重的態度來處理。火是人類不可或缺的生活必須品之一，但如果使用不當，世上也沒有比玩火更危險的東西。

在個性上，就如同野火燎原一般，情緒的變化非常激烈。成天心緒不寧，目的又難以達成，浮躁而不沈着的時候，最易出現此卦。

兩個火重疊就成爲「炎」字。在戀愛、結婚等方面來說，這是彼此的戀情熱烈燃燒的象徵。但由於兩者性質相同，大概正處於停滯的階段。同時因爲過於認清對方的底細，目前已不像以往那般想到魅力的存在。所以雖然身邊的人議論紛紛，視爲當然的一對，可是當事人雙方，並不那麼積極進行，婚事也因此而延擱下來。婚事方面，對象倒可謂不少，但是見異思遷，且又難以取捨，因此會一拖再拖，不易有結果。

西元一九六一年九月二日的週刊雜誌上，曾刊出一篇定期專欄，正是筆者在當年的七月二十七日，爲職業棒球錦標賽的結果預卜。當時筆者是爲其中一個叫稻尾和久的選手占卜。

結果是「離爲火」卦。我認爲，這是相當不錯的暗示。

在所有球隊的投手中，以他的運氣最強，球勁最勇猛，雖然相當辛勞，但他仍然能夠堅持到最後。接着我再占卜西鐵隊本身的運勢狀況。代表西鐵隊運勢的是「澤雷隨」卦，「隨」卦早已解釋過，依順他人而行爲良卦，但領導他人而動者，則不會有頂尖的表現。

我在文章上如此預測：

「西鐵隊成績平平，但稻尾投手在這一球季中會有優越的表現。」

結果正如占卜所得。

31 ䷞ 新婚的喜悅（澤山咸）

卦辭：咸，亨，利貞，取女吉。

所謂「咸」是能夠敏感的感應事物。咸之下加之以心，就變成了「感」。因此，感情、感覺、感謝、感傷、感泣等表現情緒的語詞，全都是人心動向的敏感表達。

運勢方面，是感受性最尊貴的時期。不要浪費時間在商討或說理，而是直感地、感情地直接採取行動爲上。這麼說來，就像敲打東西會產生回響一般，非常易於解決。此外，充份應用現代化的電報、電話，效果更是非凡。

男性者，熱情豪放，富於感受性，溫柔體貼，能夠理解對方情緒的各種變化。一旦受託於人，卽使兩肋揷刀，上刀山下油鍋，也會把任務完成，自己的得失則全不在意。由於是一位義薄雲天的好漢，當然大受女性的愛慕。

女性的話，有豐富的夢想家之一面，情感細膩、溫柔，舉止細緻含蓄。對丈夫百依百順，溫柔體貼，照顧家人、丈夫無微不至。如果現在正熱戀中的話，最好儘快成親，否則徒讓大好良緣逸失。當然，最重要的，在於以誠相待，如此一來，對方必也會同樣以眞誠回報。

從卦形上來看，咸就是「感」。上卦「兌」陽多陰少，是陰卦，下卦艮，陽少而陰多，所以上柔下剛，是陽卦。下卦「艮」是止，比喻爲少男，上卦「兌」是悅，代表少女，陰陽相互感應而相受。因此「貞吉有利」、是結婚的最佳良卦。不過，以現代年輕男女的婚姻觀而言，大概雙方的感情已經進行到「相當程度」。目前只是靜待雙方父母親的「批準」而已。

※筆者曾為某溫泉旅館的新嫁娘占卜健康，當時所得之卦，卽為「澤山咸」。這位新婚的小姐，外表上看起來非常瘦弱，但在本卦象裏，並不能說有什麼惡象存在，只不過是神經疲勞，導致身體衰弱而已。因為「澤山咸」是感受、感覺的意思，表示這位小姐心事過多。

於是我告訴她此卦的解釋：

「因為府上的家人和傭人過多，您成天招呼他們工作，未免太過疲憊。要知道，天下事並非都能盡如人意，在處理業務工作方面，心胸稍為放舒暢一點，較不致於焦慮不安。同時我勸妳們夫妻倆，暫時和公婆分居，享受新生活的樂趣，對健康生活較有助益。」

32 ䷟ 醬菜的滋味（雷風恆）

卦辭：恒，亨，无咎，利貞，利有攸往。

咸卦倒置，就變成雷風恒、彼此是「綜卦」。序卦傳上說：夫婦之道，不可以不久也，故受之以恒，恒者久也。」恒是「恒久、恒常」、「理應如此」的意思。「恒常」是永遠存在的形態，事物永久不變地繼續保持相同的狀態，就是恒。因此什麼事都必須經常維持現狀。

雷風恒的下卦「巽」，象徵長女，上卦「震」則是象徵長男。女在男的下方，又是男尊女卑的夫婦常理之比喻。依常理來判斷，婚前成天捧着大把花束求愛，對女友唯唯諾諾的男性，一旦結婚後，形勢立刻改觀，在太太面前高高在上，一付君臨天下的姿態，作威作福，這也是人類現實的眞面目吧！新婚燕爾的時候：「你叫我，我就回答一聲『親愛的，什麼事』的親蜜伴侶，慢慢的也終於冷淡下來，最後甚至於反目相向，『相敬如冰』。」這時候，雖然兩人仍然同床共眠，朝夕生活於同一屋簷下，但兩人的心思，早已各奔前程，各有所念。

上年紀的夫妻，或許如人們所說的：「啊！又是醬菜味。」反正吃來吃去都是這一套，早已沒什麼樂趣可言，步入清淡寡欲的階段了。年輕夫妻的話，大概正值一心想往外發展的心浮氣躁時期，但心目中眞正理想的人兒，卻任你怎麼找都找不到。再加上家庭生活負擔的壓力，眞想就此離婚算啦。而身爲太太的，雖然在生活上沒有什麼不自由，但也開始在內心裏產生不平不滿。或許經常會如此反問自己：「難道我眞的就這樣感到滿足了嗎？」更加深了欲求不滿的心理。

但是，夫妻貴爲互信互諒，只要謹守夫妻之道，婚姻危機必可保平穩無事。日常生活上，也不要改變既有的方式，方能獲得良好的結果。事業方面，不要做過大的方針改變，仍然維持一向

的經營方式，踏實地繼續前進，必然能漸漸大展鴻圖。

※

日本的名影星森繁久彌先生，無論在電影界或電視、舞台上，都是最活耀的演員，而且演技歷久彌新。

西元一九六一年的七月三日，筆者受託爲森繁先生占卜：「今年演藝界收入第一位的森繁久彌，他下半年的運氣又如何呢？」

首先我替他占卜當年的全盤運勢，結果得到「雷風恒」。

『恒』是經常保持現狀。就像陀螺雖然急劇地廻轉，但是中心點仍然靜止不動，永遠直立在該處。所以『恒』卦是動中有靜的象徵，雖然當事人感覺自己忙得不可開交，但在周圍人的眼光中，却認爲那是理所當然的現象。夫妻生活方面，大概也是清淡平凡，沒什麼新鮮的刺激事吧！這是我當時所下的判語。

33 ䷠ 蕭條荒涼的城鎭（天山遯）

卦辭：遯、亨，小利貞。

「遯」就是退避、隱退的意思。在個人命運不濟，或者處境艱辛的情況下，無論搬出多麼正當的理由，仍然無法被接受。所謂「遯竄」也就是逃避而遁隱的意思。卜得此卦時，除了「三十六計逃爲上策」之外，別無他法，暫時先脫身以避禍，等候下一次的機會來臨，再做打算。

一般在家庭內或某一事業、正遭遇衰退的運道時，常出現此卦。所有的事物，都從自己身上隱遁無踪，此爲時勢造成，非人力所能處置。此時期內，絕非硬撐面子，或在意外界批評的時候。一定要立刻決斷，把所有的麻煩縮小到最低限度。例如賣掉耗費龐大的豪華住家，搬到較普通的平房居住，以平衡生活的收支。反正現在正時運不濟，不是三更半夜舉家潛逃，就是面臨上吊

三十六計走為上策

，一了百了的霎那間。

婚事進展不利，沒有成功的希望。就算勉強結婚，日後生活也不會有畫眉之樂。戀愛也是一樣，兩人的性格大相逕庭。同時也會有處處非聽從女方意見不可的現象。即或不至於如此，對方可能被其他事物所迷，而逐漸離您而去。

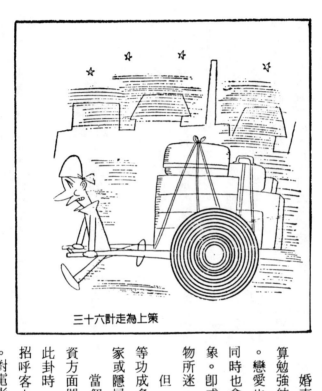

但「天山遯」對政治家或者摔角名手等功成名就的人來說，却是個良卦。宗教家或隱居的老人，也常卜得此卦。

當個人處在運道衰弱時，從事吸收游資方面買賣的人，却是個盛運之卦。卜得此卦時，無妨從事旅館、小吃店、飯店等招呼客人的行業，積極努力，必定賺大錢。對電影工作、戲劇、藝能方面也相當不錯，從事唱片業者，至少會有白金唱片問世。

三個月以前的某個黃昏，有位妙齡小姐前來造訪筆者。她丈夫因爲牽涉某一事件，就此行踪不明。她很擔心的問：「我先生他會不會平安無事呢？」

當時卜出之卦，就是「天山遯」，象徵目前正在逃避俗務之中。也許爲了金錢上的糾紛，自覺臉上無光，無顏以見人，只好暫時躲藏起來。

我告訴這位小姐：「您先生大概在短期間內不會回來，如果他自覺已經解決自己所犯的過錯的話，或許還會回家也說不定。」

此後，那位小姐就再也沒有找過我，或許目前他的逃避行爲還沒有結束吧！

34 ䷡ 振奮的馬（雷天大壯）

卦辭：大壯、利貞。

遯卦相反卦象，就是綜卦的大壯卦。逃避是消極的避世行爲，壯大則是積極的進取，彼此間相互爲用。所以序卦傳上說：「物不可終遯、故受之以大壯。」此卦也代表消息卦的三月。

「大壯」是巨大隆盛、昌隆的意思。就如賽馬場上，整齊排列的駿馬一般，閘門一開往前急速飛馳。像這樣，隨着天時的運轉而轉趨興盛之時，想要緊急刹車是辦不到的。在強運的時候，才會有過度前進的傾向，所以在日常生活中，凡事也須略有節制，嚴禁肆無忌憚的猛衝。

所謂「壯麗」、「壯舉」、「壯圖」的壯，全都含有大規模的意思。本卦和遯卦相反，氣勢強大的陽進入，所有陰氣逐漸退縮而去。因此，和大規模、熱鬧的大事有關，個人方面，正是擴張事業，設立分公司、分銷處的時候。但是如果過度發展，也恐怕來不及刹車，說不定會撞上行人，或出大車禍。

年輕人血氣旺盛，有才幹者鋒芒過露，有錢者揮金如土的時候，多出現此卦。天候上比喻夏天，以及晴天中的悶雷。巨大建築物的工地中所發出的巨大噪音。同時也代表外強中乾、雷聲大雨點小的人物。

婚事方面，無論己方如何脅迫強求，最後還是失敗，最好後退一步，以溫柔的態度，不急躁也不強求，採長期緊迫盯人的方式，持誠以進，最後必會成功。

男性者，精力過剩，連帶影響女性的健康。雖然兩人相敬如賓，但却有格格不入之感。此卦對女性而言，稍微不利。不過，女性事業家，會比男性更有卓越的成就，或許是因爲體內的男性荷爾蒙過多的關係吧。

年輕男女會有很多團體活動，如遠足郊遊、旅行、登山等。不過，男女青年大夥玩在一起，須特別留意、不可踰越規矩範圍，否則日後引起麻煩，可就後悔莫及了。

※

三年前的春天，日本本因坊之戰，冉高川格氏和木谷實氏爭奪寶座。某畫報雜誌的記者請託筆者，爲高川格氏一占該次比賽的勝負運。所得的卦正是「雷天大卦」。

「這個卦象，比喻盛大、興盛，表示非常強大，也象徵進軍。大運不斷推進，最後終於佔領敵人的陣地。因此，只要安步當車，一步步的逼進，最後必然得勝。」

事後高川格果眞獲得名人賽本因坊冠軍。

35 ䷢ 充滿光明希望的淸晨（火地晉）

卦辭：晉、康侯用錫馬蕃庶，晝三日接。

充滿光明希望的早晨終於來臨。下卦坤代表地，上卦離代表火。鑽出地平綫的太陽逐漸上昇，最後停留於蒼天之上，普照大地。早晨是一天的出發點，俗云「一日之計在於晨」，就是開始所有活動的起步點。鼓舞精神、拿出勇氣、向目標前進吧！

從語詞上來看此卦，可見「晉」是前進的意思。「晉」和「進」同音同義。本卦所含的意義，在易經的原典中，有如下的一段：「諸侯策馬而行，在一日之中，侍候於君主之前，以盡忠誠，感明君之知遇，雖公務繁重，然以此報知遇之恩，也因此獲明君的褒奬。」象傳上也說：「晉，進也，明出地上，順而麗乎大明，柔進而上行，是以康侯用錫馬蕃庶，晝日三接也。」可見這是治理國家大事的侯爵，晉見天子，得到許多馬匹的賞賜，一天之中，天子連接召見三次。

假如您是私人公司的職員，目前是運氣最隆盛的時候，或許業務上非常忙碌。古代的人們騎馬增加速度，以便能迅速地把工作處理妥當，現代人更應有效使用汽車等交通工具代步，以緊緊抓住立身揚名的大好時機。目前也是您受到上司器重的時候，或許因此拔擢您昇上重要職務。也有可能是調職、搬家的前兆。

此卦象徵太陽從地平綫上昇，因此，在買賣、事業方面，正是業務蒸蒸日上的時期。此刻運氣轉向最好，要把握機會，積極努力往前衝。也許會暫時和最親近的人分離，但也會他鄉遇故知

，好友久別重逢。因誤會而吵架的朋友將言歸於好。總歸一句，不斷向目的地衝鋒就對了。

一切事物都會有喜悅的消息。當然婚姻上亦是吉卦，在「火地晉」的卦象下，會有年長的婦女，爲您的婚事安排一切，無論什麼芝蔴小事，她都能面面俱到。比如說，賢慧的媽媽，一心掛慮女兒未來的幸福，所以無論是生活上的事務，或居住的新房，一切都安排得妥妥當當。但如果觀察本卦中所隱藏的不利之一面，可看出公司或團體內的嫉妬非常激烈。所以，還請諸位讀者多加留意，無論男女，在達到目的之前，梗在中途阻撓的妨碍、事故等同樣相當激烈。

※筆者曾爲某位卽將入學的孩子占卜前程，發現進入S高中是「晉卦」，進入K高中是「歸妹」。因此我判定他投考S高中必定金榜題名。「歸妹卦」在後章會有說明，其意義爲：「遲來的協調。」須補充協調方能通行無阻。

結果不出所料，那位孩子通過S高中的入學考試，却在K高中名落孫山。

36

沈落的夕陽（地火明夷）

卦辭：明夷，利艱貞。

所謂「明夷」乃破壞光明的意思。此卦比喻日落西山，又沒有月光，天地間一片昏暗。想認淸自己的足跡，也是相當危險的事。因此，卽使急如熱鍋上的螞蟻，也須要忍耐，等到晨曦乍現後，才採取行動。當然現在是運氣衰微的時刻。在沒有陽光的地方，想讓對方看淸您的身形，是絕對不可能。序卦傳上說：「進必有所傷，故受之以明夷，夷者傷也。」明夷卦的下卦「離」象徵太陽，上卦「坤」代表地、太陽已經沈沒到地平綫之下，所以命名爲「明夷」。

如果才氣縱橫，而且能夠完全發揮的話，會大受他人的嫉妒。您所具有的才幹、實力、物質正受到周圍人士劇烈非難時，常出現此卦。

家庭內，經常會莫名其妙引發一些不快的爭吵，即使對外，彼此之間也疑心重重，互相不信任。在事業方面，早有負傷的現象。若是些微小的損害，應儘速斷然解決，想辦法脫身事外，絕不可再引發更重大的創傷。明夷卦對那些孜孜不倦，埋首於研究學問的人，是個有利的良卦。

夜晚昏沈黑暗，因此睡眠充足，恢復氣力，才是目前應取之道。在此卦之下，我們都應培養智慧，以避災厄。

由於光明已受到創傷，對正式的婚事而言，絕非良卦。也是正值爲破碎的婚姻而悲泣的時候。不過，如果雙方都有如萬丈陽光般熱情的話，那又另當別論。

象傳上有如下的一段話：「明入地中、明夷。內文明而外柔順，以蒙大難，文王以之。利艱貞，晦其明也，內難而能正其志，箕子以之。」此段話以周文王做比喻，商紂是中國歷史上，暴虐不仁的象徵，商紂過於殘暴，人心思變，天下人心集於文王一身。商紂深恐文王率衆革命，乃逮捕他，囚禁於羑里。文王自知尚不可與商紂爭，於是隱藏內在的明智，外表裝成柔順的態度，以待天時的到來，最後終得安然脫險，推翻暴政，成爲周朝的開國始祖。雖然，黎明來臨前的黑暗不算短暫，更是陰森的恐怖，但只要稟持正大光明的心志，以斂光芒，隱忍等待光明的來到，最後終必有成。商紂的叔父箕子就是如此，眼見姪兒暴虐無道，國事已無可藥救，乃裝瘋賣傻，以避過危險。

在日本的歷史上，也有一位大石內藏助的人，他隱忍報仇的意念，成天無所事事的在茶樓酒館裏鬼混，最後得償報仇雪恨的宿志，總而言之，在這段時期內，要徹底的當一個白痴，非得隱藏自己的目的和才能，正如猫把利爪內縮一般，待機而動，才能有所作爲。

※

三年前左右的三月，一個沈悶陰森的午後，有位年紀約三十五、六歲的男子前來造訪筆者。初見他的神情，就可知道此人正爲事業、工作的煩惱所困。他想尋求能夠挽救目前危機的方式來解決困境，請託筆者代爲指引一番。

原來這位先生想把某種研究事業化，可是慘遭敗北的命運。我想這位先生既有心向上，却又碰上這麼遺憾的事，應該虔誠的爲他占卜，替他找出一條最妥善的改運之道。卜出的結果却是地火明夷，表示他目前正是多災多難的時候，但又不能直截了當地明說，因爲如此說出來，使他陷於絕望中，是占卜這一行最嚴重的禁忌。時運不濟雖已成事實，但至少協助他找出一條活路，也是我們應有的道德修養。

我一言不發端看他的臉，就人相而言，他皮膚顏色不佳，不過，已經開始有良色顯現，再從全身所散發的氣勢上來看，證明他還有充份的氣魄可以恢復體力，於是我判斷了這位先生目前的惡運，只不過是暫時性的挫折而已。

「您目前的運氣絕不可說是幸運。我想在事業方面，可能是週轉不靈吧，當然這並不能全錯怪對方，自己本身的計算過於樂觀也有責任。相信您身邊還餘留有資本吧！卽使暫時受損，但如能運用剩餘的資金、未收回的帳款、土地、不動產等，擅用自己的專才，如此一來，必能抓住下次發展機會。無論目前遭遇什麼事情，都勿需驚慌，把它當做蓄積精力的大好時機，最後您心目中的好運道，必然來臨。」

這位先生邊聽我的話，臉色逐漸開朗起來。他臨走時，很有自信而且愉快地對我說，我再去籌措資金，重新再來一次吧。

假如他已是個上年紀，人生經驗疲憊的老先生，也許我也不放下這樣的判斷。我一定會毫不猶豫的這麼勸他：「現在與其擔心事業，不如考慮您的健康重要。」

因爲對方是個年輕人，年輕人不會永遠走霉運，必還有鴻運當頭的一天，所以我才婉轉地鼓勵他，今年的一月份左右，那位先生宛如改頭換面似的，精神飽滿地再度造訪筆者。

我再舉出一個實例。西元一九六一年，筆者曾爲當季的大洋隊領隊三原先生占卜吉凶。其實大洋隊迷仍對去年的表現津津樂道。

請託者問我：「三原今年的運氣如何呢？」

「雖然三原身經百戰，但如政策錯誤，仍會備嚐敗績。很遺憾，今年大洋隊的成績不太理想，至少絕無優勝的希望。」

因爲占卜一九六一年大洋隊成績，所得的卦正是「地火明夷」。此卦表現太陽沈沒入地的形狀，也就是夜晚之卦，同時也隱含受傷失敗之意。當時我下的判斷是這樣的：三原監督，今年無妨休養一年，明年再捲土重來吧！

37

䷤

守護著火種的女人（風火家人）

卦辭：家人、利女貞。

所謂「家人」指的就是家庭內的人員而言。序卦傳上說：「傷於外者，必返其家，故受之以家人。」在家庭中歡迎在外奮戰歸來的男人，是家庭主婦最重要的優先使命。就像溫暖明亮的火光一般，這是女性安慰男性，照料男性時的場合。古代的日常生活中，最重要的是守護生命之源的火種，「風火家人」就是象徵守護着火種的女人之姿勢。因此本卦充份表現出女性、家族性。

從人類的性格上來看，女人就要像個女人，如果男性娘娘腔的話，實在是令人感到尷尬肉麻。如果是男人的話，在本卦之下，是個女性荷爾蒙過多的大男人。嫁給這種人當太太，他會從厨房到大門口，巨細彌遺，面面俱到，連家庭收支簿也調查得一清二楚，所以大可不必擔心什麼事情，丈夫甚至比妳更會照顧家庭呢！這種人也是個像溫柔女性的男朋友。

男性卜得此卦，老實而內向，不可急切盼望成就非凡事業。與其求外面事業成就，倒不如注重內在的修養有意義。也許我們說，這是因爲尋求內面的火把溫暖，而導致外部的冷却吧！在事業上，面前正擺着一大堆急待解決的問題。不過，還是着重內面的問題較重要。

占得此卦時，不可執着於自己的意見，應多聽從雙親、長輩、專家的勸導，同時也要多方充實自己內心的智慧修養。

家人是個純女性之卦，家中的妻子，謹愼小心地使家庭溫馨，在臥室內也不會一上床就嘮嘮叨叨說個不停，卽使兩人作愛中的愛撫，也不會逾越法度，是個標準的賢妻良母類型。身爲女性，我相信每一個都希望自己成爲願爲男性永生守護着火把的伴侶吧！

某個秋風愁雨的日子，一位三十五歲開外的太太，前來爲她丈夫的事業卜吉凶。當時卜出的就是「風火家人」。

「就您先生的事業運來說，很難積極地突破事業困境。不過，您今天來找我的目的，並不在此，妳眞正想聽的是愛情問題，三角關係，對不對呢？」

這位太太的臉上一陣緋紅，她這麼告訴我：

「我到現在還沒有懷孕。所以我丈夫在外和別的女人鬼混，經常三天兩頭不回家。」

「妳一定會有孩子的。所謂『家人』，就是保護家庭的人，換句話說，就是長男的象徵。短時間，直到先生的事業成功爲止，請保持冷靜，不用和先生吵架，不久後妳先生一定會回到妳身邊的。」

看這位太太的表情，似乎有些不滿，但最後她終於接受筆者的勸告而回家，並且嚴守卦象的隱喻，目前她與先生在兩個小孩的陪伴下，過着幸福愉快的日子呢！

38 ䷥ 兩人互相乖離（火澤睽）

卦辭：睽、小事吉。

火澤睽和風火家人彼此卦象相反，互爲綜卦，睽是離異、乖離的意思。家和則萬事興，不和則一切背道而馳，因此序卦傳上說：「家道窮必乖，故受之以睽，睽者乖也。」

本卦的卦形，是由火和水所組合而成，火往上燃燒，澤之水則往低下流。水火本不相容，互相背離，但仍是日常生活中，最不可或缺的寶貝。就人性而言，象徵既有烈火般的豪放，同時又有如水般地沈靜之極端不同的性格存在。

例如我們常會聽到某人在背後批評他人：「先生那麼英俊瀟洒，但是太太却不怎麼樣嘛！」嘴巴長在人家身上，隨他怎麼說吧，反正夫妻間必有不爲他人道的親密個性存在。相反的，就如同人家諷刺的一般，也有所謂「烏鴉配鳳凰」的夫妻，他們仍也有他們之所以成爲夫妻的道理。本卦顯示，凡事如光以表面來判斷，可能與事實相距十萬八千里，但是內面卻有完全一致點存在。當然這是指夫妻關係而言。

所以，婚事上，因家庭的莫名其妙反對，而難以圓滿結局。戀愛也因性格迥異，進展頗不樂觀。事業上，無論做什麼都一塌糊塗，內部關係不融洽，競爭也相當激烈。請勿嘗試任何更新的行動。

但正如卦辭所說：「睽，小事吉。」在日常生活上是個良卦。對已婚的人，更是上上吉卦。

雖然外表似乎不相稱，但內心却親蜜吻合。

西元一九六一年的四月間，筆者曾爲大每隊的宇野領隊占卜，他的運氣相當非凡。當我再次爲大每卜卦時，却得到「火澤睽」。這表示意見相反的人聚集一處，因此自己的主張無法被他人接受。背道而馳，貌離神合，乖離——結果球隊內部先起內鬨。我當時寫道：「大每隊本季恐怕沒有優勝的機會。」結果不出所料。

39 ䷦ 被凍跛的脚(水山蹇)

卦辭：「蹇，利西南，不利東北，利見大人，貞吉。」

「水山蹇」是無法動彈的惡卦。此卦也是易占四大難卦之一。「蹇」本意是跛脚，引伸爲前進不便、困頓的意思。因爲寒凍，脚難以動彈，無法行動自如的意思。這種時候，應避開險路，選擇平坦易行的路途前進，也須要能力強大的人來協助。易經上有「蹇，難也，險在前也。見險而能止，知矣哉！」見到紅燈而踩剎車，應該是保護自己生命安全的普通常識。

山上的流水，雖然有岩石或樹根的阻碍，仍然集成山間清溪，滙流成大河，最後東流入滾滾汪洋。人生也一樣，補足自己才德上的缺點，等待天時到來，最後終必能圓滿達成目的。

當您卜得此卦的時候，不必徒然浪費時間，要多量吸收知識，以待時機來到能夠立刻活躍，訂立緊密的計劃，充實自己。凍寒的脚是無法支撐體重的。日常生活上，艱辛困苦，麻煩不斷。一難剛消，另一難又接踵而來，常有盜竊、詐欺、水災等天災人禍。依人、事、時、地之不同，自己愼重判斷。此時期內，卽使有萬全的計劃，希望仍然不會那麼快達成。在保護自己的原則下，持成以進。

在婚姻上，相親或他人介紹，無論如何都無法順利進行，因爲「姻緣」衰微，只能眼巴巴的看着機會消失，等待下一次機會。水山蹇的卦象之下，男女間不只有三角關係而已，甚至易陷入

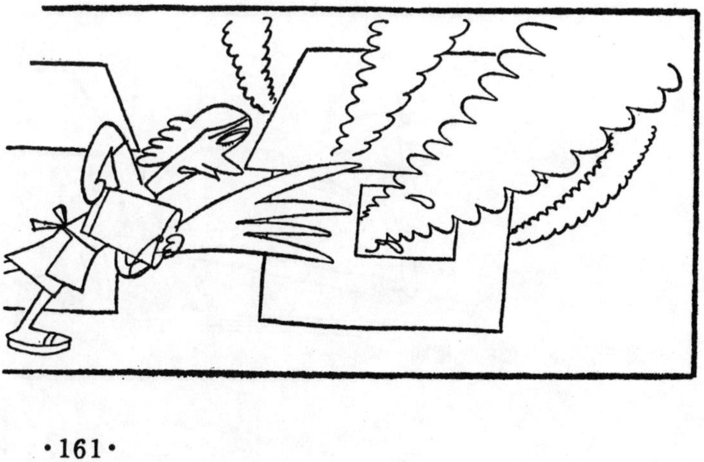

五角、六角的複雜混亂關係中。假如是女性的話，正有妳最喜歡的兩個男人等着妳下決心，當妳感到左右爲難時，却又出現第三個求婚者，或是自己家庭內出現麻煩，實在沒有心思討論終身大事。男性也是愛情受阻的時期，無論如何都找不到如意的對象。

日常生活上，也是問題重重的時候。外出時碰上大雷雨，却又招不到計程車，只得在走廊下避雨，簡直急死人。心裏有最想要的東西，但身上却囊空如洗，也是不稱心又運氣不濟的時期。

⌘

日本鳩山內閣成立前不久，政治問題或爲當時日本國內談論的焦點，筆者占卜「誰會是日本下一任的首相」時，獲得「水山蹇」這一卦。

本卦含有「越跋山」之意、正與鳩山相吻合。我曾經對別人說，雖然羅斯福是個小兒痳痺患者，但却成爲世界上有名的大政治家之一，所以我相信鳩山一郎先生，必然也能登上日本首相的寶座。後來我聽說大阪的某位易占大師K先生，在占卜同樣問題

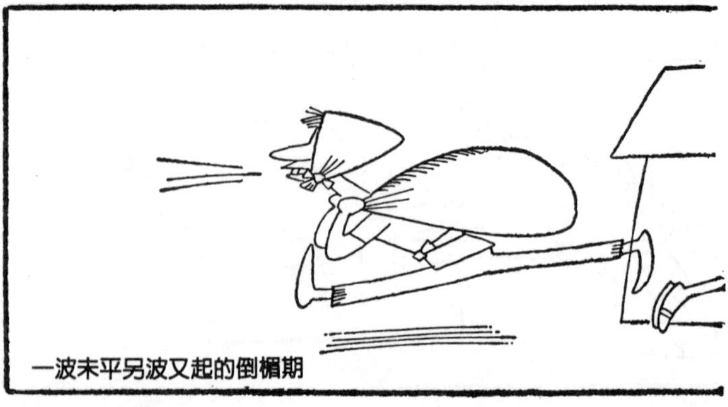
一波未平另波又起的倒楣期

時，也得到「水山蹇」，這也是易占神秘的一面吧！

我們再來看歷史上另一個著名的古例。

日本明治維新時的一代名相伊藤博文，和當時易占名士高島嘉右衞門兩人是莫逆之交，伊藤博文甚至爲他的養子迎娶高島嘉右衞門的女兒爲媳。當時日本國內的名士們，都把修習易學當成自身不可或缺的重要修養之一。伊藤博文自己對易學也有頗深厚的造詣，也對易學的神秘性深信不疑。在伊藤博文前往中國的哈爾濱之前，有天曾到嘉右衞門所擁有的位於日本北海道石狩的農場去渡假，伊藤博文在此次的石狩之行，曾寫下一首「石狩客次」的詩，其中有一段是這樣的：

「蹇之匪躬不念歸，滿天風露濕征衣。秋宵石狩山頭夢，且飛向黑龍江上。」在易經「水山蹇」的原文中有「王臣蹇蹇，匪躬之故。」的詞句，伊藤博文的靈感，或許來自於易經的原文中。「匪躬」一詞，後世引身爲忠臣報國的形容。原文中的意思比喻，爲協助君王，雖己身承擔國難，也不計較自己所即面臨的吉凶，雖然知道自己將面對極大的危險，但爲了解決國家的困難使命，也不得不涉險出發，唯有奮不顧身，才能無悔。也許精曉易學的伊藤博文，早已預知自己將踏進生死關頭，而以「石狩客次」一詩來表達自己的心境吧！

日本明治四十二年十月，伊藤博文在東北的哈爾濱，受到韓國刺客安重根的襲擊，差點命喪當場。伊藤博文在卜出凶占之後，曉得己身的險境，遁往國外避難，果然他逃過一劫。

40 ䷧ 春天融化的冰（雷水解）

卦辭：解，利西南、无所往、其來復吉。有攸往、夙吉。

解卦和蹇卦的卦象，彼此上下相反、是爲「綜卦」。序卦傳上說：「物不可以終難，故受之以解，解者緩也。」困難已經舒緩解決了，所以命名爲「解」。

春天突破嚴冬的酷寒來到人間，長久的冬天內被凍成堅塊的水面，也隨着溫暖的春氣，而逐漸地溶化了。深硬的冰凍化解後，人和船隻都可以開始活動。

解開船纜，你也積極地開始向希望、目的邁開步伐前進。「解」指的就是這樣的狀況而言。所謂「難題冰解」、「誤會冰釋」的言語就是從此而來。我們從「解」的字源來分析，可見「解」字是用「刀」來切開「牛角」的意思。因此解卦又有「解除」、「解開」的含義。日常所用的解釋、解決、解放、解散等用語，相信也是大家耳熟能詳。

假如您卜得此卦，正是您須要採取卽時解決手段的時刻。日常生活上，要加緊前進的速度。

冰消霜解，從此向各方面出發

而天時的巧妙，也更加強您幸運的程度。本身的協調性，也大幅度地提高效果。以前所有的辛勞困頓就此解消，運勢呈現一幅最新的進行式。但是「解」也有「懈怠」的含義，因此，凡事不可稍有疏忽怠慢。

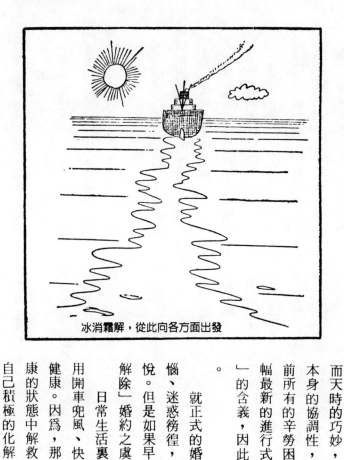

就正式的婚姻而言，心中的鬱悶、煩惱、迷惑徬徨，一掃而空，心胸暢快、愉悅。但是如果早已訂婚的話，或許會有「解除」婚約之虞。

日常生活裏，稍有不稱心時，無妨利用開車兜風、快艇、划船等運動，來恢復健康。因爲，那需要您自己把自己從不健康的狀態中解救出來，戀愛的煩惱也須要自己積極的化解。爲住家而四處奔波的人，只要積極尋找的話，最後必能找到一間最合適、最舒服的房子，不再爲住家環境而煩惱。

※

筆者的好友中，有位年輕男子，在某公家機構服務。他從學生時代開始，就租住於四個半塌塌米見方的小房間內，現在他卽將結婚，雖然找遍了大街小巷，但是仍然無法尋得較好的房子，他來造訪筆者。「這下子可該怎麼辦才好呢？」我占卜的結果，所得到的卦，就是這「雷水解」。

「所謂『解』就是積極地活動，以解消煩惱的意思。所以，只要您更積極地尋找，最後必然能夠找到理想的目的。」我這麼告訴他。

他似乎相當委屈的說：

「可是我已經很積極地找過千百遍了呀！」

「在易經的經文中，有所謂：『解，儉以動，動而免乎險，解。解利西南，往得衆也。……』的詞句，我勸您往西南方的親友好友處去碰碰運氣。我想一定會有令您非常滿意的結果。」我又這樣地鼓勵他。因爲「雷水解」一卦的下卦「坎」代表水，上卦「震」則是雷，比喩雷雨，秋末至冬末，大自然的萬物凍結，當凍閉到極點之後，初春降臨，凍結的萬物在暖春中逐漸解凍。所以，解決困難的時機已經來到了。

現在，這位曾爲新居煩惱的年輕人，已經從大井町的公寓，搬到黃金地段的丸之內。也許，目前夫妻倆正陪着可愛的寶寶嬉戲呢！

41 ䷨ 愛的禮物（山澤損）

卦辭：損、有孚、无吉，无咎，可貞，利有攸往，曷之用，二簋可享。

損，是損失、損益的損，但也並不是無謂的損失或損害的意思，眞正的含義並非損失，而是「給予」。是爲他人而把自己的東西奉予。由此可知，損、並非光是負面的虧虛而已，應該是有回報的「虛虧」。

佛典中，有所謂「喜捨」的說法，這就是「愉悅的施捨，不但能滿足自己，同時也能夠使對方喜悅」的意思。您出於至誠所贈送的禮物，姑且不論其數量的多寡，只要心存誠信，必然會使對方感到喜悅。

當您卜得此卦時，必定是所費不貲的時期。但是日後，必然會以某種形式的回報，來償還您

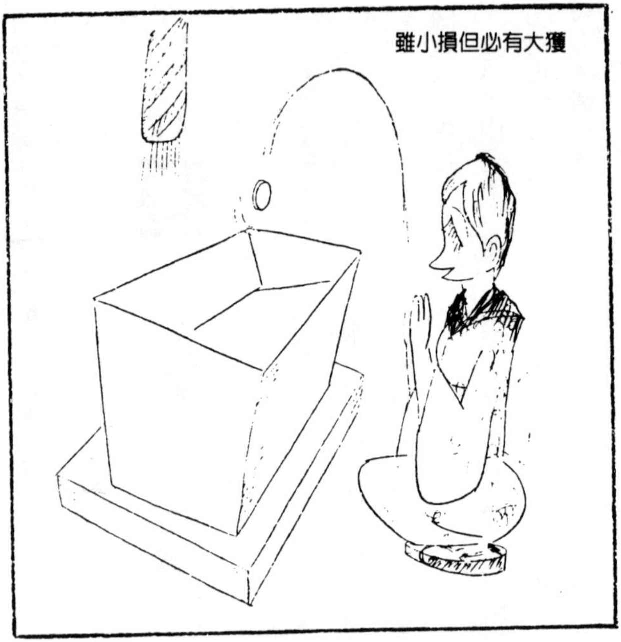

目前的損失，這就像是某種「稅金」一樣。這種情況，也像父親雖然按月領薪水，但他自己僅僅使用其中極少的數額，其餘的用來供養家庭，培養孩子們成長、上學。在事業方面而言，雖然手上的金錢緊縮，全都投資到外面的事業上。但是，日後必也能從目前的投資中，取回相當可觀的利潤。

假設男女兩人兩情相悅。這時期內，正是男性爲愛而甘願減損自己寶貴的生命，以取悅戀人。但同時，自己也感受到那份付出的喜悅，這就是「損」的最適切說明。男女婚姻，沒有比「山澤損」更合適的卦。「山澤損」是夫妻百年好合的上上之卦。尤其是男方入贅女方，住於女家繼承香火的話，更是無上的大吉大利之卦。如果能不計他人的閒言閒語，則日後必能大富大貴。

某位太太，爲從外地到娘家來求發展的先生，出售自己名下的一部份不動產，投資在事業上，但投資結果並不理想，而來找筆者商討有否可行之道。

當時出現的卦象就是「山澤損」。

「雖然現在似乎一切都不順利，但日後必漸入佳境。所謂『損』亦含有損保的意思在內目前，或許應融通銀行關係，借款以增加週轉資金。這樣做，是對妳先生的一份至愛的禮物。再忍耐些許辛勞，立刻會有豐厚的利潤降臨。」我向這位太太如此奉勸。

42 ䷩ 爲大衆謀福利的事業（風雷益）

卦辭：益，利有攸往，利涉大川。

「益」是利益、收益的意思。只要提到「益」，大家立刻會想到賺錢的事。當然，在某些場合中，益也是賺錢、收益的意思。但是，益的眞正含意，在於「公益優先」。爲解除「極窮」的困境，應積極地克服各種困境，如此才能初嚐喜悅的果實，在精神和物質上，才能增進豐富的活力，這才是「風雷益」的眞正含意。因此序卦傳上說：「損而不已，必益，故受之以益。」益和損不但卦形相反，含義也相反，一損一益，彼此相輔相成，互爲綜卦。

當年的本國上下、爲迎接三年後的國際世運會，到處舖設道路，加強各種現代化設施，從事各方面的準備，眼前政策上的小問題，暫擱於一旁，把全力集中於即將來臨的奧運會上，這也就是公益優先的「風雷益」的「益」之眞正涵意。

就像我們政府盡全力在各項開發，暨道路的開拓事業上一般，給予民衆生活的基礎，應從既成的設施中，獲得無窮的增益一樣，「風雷益」是「土木事業」者的最高吉利之卦，因爲上卦是代表「木」與「風」，下卦「震」是動，木船在水上發揮了最大的功用，當然是大吉大利。

從本卦的卦形上來看，上風、下雷，全都是活動的意思，萬物很積極地活動，必能提高莫大成績。因此卜出此卦，也正是日常生活中，充滿向前邁進的活力的時候，事業上相當繁忙而有意義。公司職員則地位高昇，同時又有前輩、長輩的提昇，能獲得出乎意料的成績表現。家居遷移，本卦象以應該搬家才是吉利。農作物方面，是大豐收的時期。

但是，如果想從此獲得比目前更高尚的成就的話，最重要的，在於您現在的計劃是否完美無缺。當然，不能讓計劃脫離常軌，也不能有所失誤，更要奮力前進，不可輸給競爭者，如能這樣進行，至少絕不會嚐到失敗的苦果。當此卦出現時，成功之果已在眼前等您伸手摘取，只要拋開一切瑣事，再踏進一步就行了。如能以大衆的利益爲先，把自我的利益置於後，那麼最後的成功是無可言喻的。

結婚方面，風雷益是男女佳緣良婚之卦象。但本卦也比喻熱鬧喧嘩，所以也是旁人閒言閒語最多的時候。最好勿理會他人的惡意批評、盡早步入禮堂。結婚典禮的場面相當豪華，親友致贈的結婚禮物滿廳滿堂，非常風采。戀愛方面，大都是雙方父母樂見其成，能夠正正堂堂同進同出的幸福男女之結合。

距今兩年前左右，某位工程師前來造訪筆者。這位年輕的工程師任職於某大公司，但因疾病的困擾而辭職。目前正爲找尋新工作而焦頭爛額。

我爲他卜卦的結果、正是「風雷益」。可見這一位工程師目前正是時來運轉，充滿活氣的新時期。

看了此卦，我自己也不由得爲他興高采烈，我當場告訴他：

「我看您目前正是到處寄履歷表的時候。今後一個星期內、最多十天，您必會取得欣喜的回音。『風雷益』含有公共事業的意義，我想、必定是個大團體，或是和公家機構有關的職務。」

經過一個月後，筆者收到他寫來的一封信，充滿希望和自信。

43 ䷪ 對月咆哮的老虎（澤天夬）

卦辭：夬，揚於王庭，孚號，有厲，告自邑，不利卽戎，利有攸往。

「夬」，本來是指拉弓的時候，戴在大拇指上的護套，弦由護套上彈離而去，所以有決斷、決裂的含意。序卦傳上說：「益而不已，必決，故受之以夬，夬者決也。」本卦最顯著的一點，在於最上的一個陰，立於五個陽爻之上，象徵五陽面對一陰的喊叫聲，比喻正道的君子勢力強大，僅有爲數甚少的小人極待驅逐。例如爲政者不顧民意，一意孤行採取獨裁政治，結果下面的萬民怨聲載道。以最近的實例來說，韓國戰後的李承晚政權，長久施行利己的政治，絲毫不理會民衆的反應，最後終於面臨山雨欲來風滿樓的革命性暴動情況，就是這種澤天夬的含義。另外一個最確實的歷史性事件，以戰前德國的恐怖獨裁者希特勒爲例，最恰當不過了。

以一個裱畫匠一躍而爲舉世聞名的軍事天才，連他的敵人也不得不承認他的曠世才幹，但希特勒的才能，充滿刺人的銳角，缺乏圓滿性、愼重性，更嚴重欠缺慈悲心，不顧人道的尊嚴，不但不聽從他人的意見，更鑽向自己所盲信的死胡同內。結果希特勒一人，挑起了人類歷史上最慘烈的世紀大混戰，使全世界數千萬的生靈，曝屍異國的荒野中，希特勒更指令艾希曼等人，大肆殘殺全歐的猶太人。希特勒的狂妄和偏激，導致歷史上最恐怖的浩刼。

但是追殺者，終會變成被追殺，艾希曼戰後歷經十五年的長久逃亡生涯，最後仍然被以色列的特工人員所捕獲，送上軍事法庭判罪。更多的納粹戰犯，正不斷地被散佈於世界各地的猶太人所追緝。

夬字旁的語詞，有決議、決斷、決定等，以光明正大的心胸來裁判心術不正的小人時，雖然會遭遇到險境，但是不下決斷也不行。同時更以誠信爲號召，剖明存在的危險性，如比方能在警惕中，渡過險地。

「夬」就是隱含這般激烈意思的卦象。此卦出現時，也正是如同高山中的一株孤松，把自己置於孤立的環境中，或者處於孤立的心理狀態中。清朝浦松齡的古典名著「聊齋誌異」中，「山月記」裏，有一篇「殘月賦」。

「山月記」的主人翁，是個滿腹經綸的飽學秀才，但由於他的才學不被世俗之人所接受，因此他變得憤世嫉俗而詛咒世人。某天他藉酒消愁時，發現自己已經變成一隻老虎了。他不得不就此離開塵世，遁入寂寞空虛的密林，成天爲自己懷才不遇的悲慘命運而對月咆哮。

有一天，他的一位好友路過森林，他躲在暗處，送好友一首自己所作的詩，請求這位好友，救他回到人世去。

這位好友奇怪的詢問他爲什麼不現身一見。

他無奈地回答道：「我看到你的話，一定會渴望一口吞下你，請你往前走一百步後，再回過頭來看我的身形。」

他的朋友依言前行回頭一看，百步之外，在月光下，一頭兇猛的餓虎，在悽涼的月光下，正虎視眈眈地凝視着自己。

這隻孤獨的老虎所留下來的「殘月賦」，正是「澤天夬」一卦最適切的寫照。

「澤天夬」隱含着非常激烈的危險性，有著其極端的一面，卜得此卦時，在實際生活中，應該盡可能柔和自己的情緒，更須在外表上，表現出自己的柔順性。

在職業運方面，「澤天夬」是五陽漸逼一陰，可見這也正是在下位者鬼鬼祟祟地，從下方脅迫上位者的時候。因此，在上者絕不可有一點的疏忽、大意，掉以輕心的後果是難以收拾的。本卦中也易於引發口角爭吵，千萬請勿訴之武力。

從各方面而言，目前也是勢力過於強大，而易致慘敗的時期。事業的散佈面過廣，形成尾大不掉，「失血過多」的後果，工作量、事業上的發展，非自身能力所能負擔得了，徒然耗損無謂的精力，嚴重的時候，將因過度疲勞而一蹶不起。注意契約、文書上往來可能造成的麻煩，否則說不定會對簿公堂。

戀愛方面，也是某方過度熱情，而另一方却淡然待之的時候，往往是單相思地神魂顚倒茶飯不思。不管對方的感受如何，反正我埋頭苦幹，硬拼到底啦！是非成敗如何，到時候再說。當然本卦象顯示，只要多走一兩步，成效還是蠻令人滿意的，但是實際上，目前的愛情，大概早已到寸步難行，山窮水盡的時期。

「風雷夬」在婚姻占卜上，不是良緣之卦。因爲陰陽的均衡感失調，夫妻間常起勃谿，幾乎已到離婚前的決裂關頭。

當您卜得此卦時，也正是危險關頭，應再次地深呼吸，使自己的情緒冷靜下來，並從另外的層次上，重新再占卜自己的運勢，相信必會有滿意的解決辦法。

❀

日本江戶時代（德川幕府晚期）末期的先覺者佐久間象山，不但是洋學方面的第一把交椅，同時在易學上，也有高深的造詣。當有什麼事項要裁決的時候，他也以卜筮的方式，遵從易占的教導，來取決應行之道。

但當他應一橋公之邀，前往京都做客那一次，却沒有爲自己的京都之行一卜吉凶。

他的弟子北澤正義請教佐久間象山之所以不占卦的理由，據說他是這麼回答的：

「目前國家大事比我個人的安危更爲重要。不管我身上會發生什麼事，我仍然決定要到京都去。」但是拗不過擔心師父安危的門人之請求，佐久間象山不得不當場爲自己卜卦，當時出現的就是「澤天夬」。

的確是孤獨而又危機四伏的卦象。

但是象山仍不爲所動，依然堅決的依照原定計劃，動身前往京都。當他在京都，從中川宮家踏上歸途的時候，在三條木屋町，受到某浪士（流浪的武士、無主人可依託的武士）的刺殺，當場死於愛馬「王庭」的背上。

得悉師父被刺的門人北澤正義，不禁戰悚於易經卦象所顯示的殘酷事實。

44 ䷫ 不期而遇（天風姤）

卦辭：姤，女壯，勿用取女。

各位必定對此卦一目了然，其卦形和夬卦正相反，夬是決裂、分離，姤則是邂逅、相遇、彼此爲綜卦。因此序卦傳上說：「決必有所遇，故受之以姤，姤者遇也。」所謂姤是偶然相遇的意思。既不用介紹，也無須事先刻意安排，就是這樣自然而然彼此在途中相逢。因此在日常生活中，有許多事是相當受到偶發事件所支配的，而且突發事件可說層出不窮。不知不覺中墮入愛河，却又突然莫名其妙地分手，就如同許多戲碼的劇本裏之男女主角一樣，不期而遇，而又淡然分離。

正由於不期而遇，許許多多的羅曼史就此展開。誠摯無邪的青年，因一面之緣的邂逅，而整日爲「她」茶飯不思，久久不能平靜下來。但是這種類似單相思的戀愛，終不會有幸福的結果。常常發現到頭來是一場破碎的夢，不過，那一段愉快的每一天每一刻的種種，却是永遠常存於此

生的內心深處，無法忘懷。

再從卦形上來看，一個女性周旋在五個男人之中，因此，女性卜得此卦，很遺憾地，不是酒吧酒家的女老板，就是有傾向於從事色情行業的性格。

在卦辭裏，有所謂「姤，女壯」的說法。因此，從事女性主持的行業，必大有斬獲。例如昂貴商品、特殊商品的買賣必然招財進寶。又如從事女性化粧不可或缺的香水、胭脂、項鍊、耳環、戒指、胸針的生意，也一本萬利。

但是「天風姤」却是婚姻上最碰不得的下下凶卦。因爲一女周旋於五男之間，必會有貞操上的困擾出現。即使女性本身並不刻意爲非做歹，但也可能和丈夫生離死別，或離婚，甚至於再婚後仍不美滿而又再次離婚，許多婦女都是先天性的婚姻運破滅的人。

男人在此卦中顯示，目前他並不積極想成婚。他只是以能和女人「邂逅」，就能滿足的男人。大部份的此類男人，都毫無意

「天風姤」就是類似「請問芳名」的悲劇卦象

義地東逛西晃渡過一天又一天。當然也是災難、詐欺、損害源源不斷的時候，凡事還是小心爲要。

※

漫畫家Y先生，某次在與筆者的閒聊中，半開玩笑地說：「廣播電台的廣播劇場裏，到底寫些什麼性質的文章較好呢」那時候，筆者卜卦的結果，正是這「天風姤」。我對他說：「這是偶然相逢的意思，所以就叫做『邂逅』應該很恰當吧！」Y先生眞的依照筆者的建議去寫他的專欄，結果大受聽衆的好評，他簡直樂壞了。

45 熱鬧非凡的祭典（澤地萃）

卦辭：萃，享。王假有廟，利見大人，享，利貞，用大牲吉，利有攸往。

廟會祭典的喧天鑼鼓聲充滿大街小巷。抬神轎的，撑大旗的，扮八仙的，各種神明成列而過，不管大人小孩，大家興高采烈，爲迎神賽會而忙碌，簡直是熱鬧非凡、神人同樂。「萃」原本是叢生於一處的草堆，引伸爲聚集、集中的意思。在易經的原典中，「萃」是國王參謁祖先的廟堂，舉行盛大莊嚴的祭祀，並且奉獻豐富的牲禮，至誠感謝祖先的德佑，同時更以崇敬祖先的一片赤忱，來治理國家，顯示出祭政一致，這就是古代政治上最重要的關鍵。君王以祭祀宗廟來聚集人心，並以此來治理國政，所以彖傳上說：「萃，聚也，順以說，剛中而應，故聚也。王假有廟，致孝享也。利見大人享，聚以正也，用大牲吉，利有攸往，順天命也。觀其所聚，而天地萬物之情可見矣。」這段話並不很深奧，相信您可一目了然。這就是「萃卦」的眞正含意。

但是另一方面，許多人聚積在一塊，好事更多，但同樣地競爭意識也激烈，各種突發的事故，也相對增多，這是必然的現象。

以現代的社會環境來說，大都市裏文明發展迅速，各方面的生活非常繁華，但反面的結果，各種事件和犯罪也層出不窮。但一般性的運勢，可用古人的一句話來說明，那就是所謂有著「鯉躍龍門」之象。亦即如鯉躍龍門般地燦爛前程。本卦比喩「進士」齊集一堂，因此含有入學、就業考試的意義，只要有此卦出現，無論參加什麼考試，至少金榜題名絕無問題。薪水階級者，更是加薪、昇職的前兆。

事、物、人聚積而喧嘩熱鬧的時候，其實也是生意興隆，門前車水馬龍，凡事興隆旺盛不斷前進的時期。宴會、旅行也接踵而至。本卦從卦形上可看出，下卦「坤」的地上，有上卦「兌」的澤，也就是地上有澤，象徵洗澡、浴室的含意。因此，您和「溫泉」或「裸體」相當有緣份。

澤地萃是婚姻大事的大吉之卦，婚事會快樂順暢地進展。男女都値相親者接踵上門的時候，同時相親的結果也相當美滿。雖然可選擇的對象很多，但是如果猶豫不決，舉棋不定的話，後果反而令人擔憂。應切實聽從過來人，或前輩、長輩的勸告和意見，盡快擇優而婚才對。本卦中的戀人約會，不外乎音樂會、芭蕾舞表演、幽靜的咖啡廳，遠行的約會，也大概是湖畔的蜜月小築或溫泉旅館之類氣氛高雅的場所。

※

西元一九五七年，有位著名作家因作品停滯不前的困惱而造訪筆者，他詢問筆者到底應該怎麼做才好。筆者當場卜出的卦就是「澤地萃」。「澤地萃」本是祭祀祖先的意思。換句話說，這代表這位作家的祖先，對後代有所希求——本卦原本是盛大熱鬧的祭典——亦卽宴會、會合之意。經由祭祀大典，使大衆歡愉，並在宴席上互通消息、互換經驗，彼此溝通訊息。

筆者當時對作家先生說：

「您是長男理應率先祭拜祖先墳墓才對，但是依我看着，您似乎不常掃墓或祭拜吧！」

作家先生很慚愧地說：「是呀，因爲工作實在太忙了。」

「不能因爲工作忙就疏忽祭祀。至少在農曆的七月間也應該上墳拜祭一番。我想如此一來，您至少可獲得靈感，創作幾本暢銷書吧！」

爲什麼筆者會要這位作家在七月間前往祖墳祭拜呢？因爲「萃」含有「七月」的意義在內。

作家先生誠懇地說：

「我們故鄉在農曆的七月七日，有盛大的祭典（鄉下地方的祭祀），我應該帶孩子們返鄉祭祀才對。」

就在那次祭典中，使那位作家得到另一部新作的文思。

46 ䷭ 播在地下的種子（地風升）

卦辭：升，元亨，用見大人，勿恤，南征吉。

地風升和萃卦彼此卦象相反，互爲綜卦，序卦傳上說：「聚而上者，謂之升，故受之以升。」

麥粒播種在泥土中。播種時期都是在十一月份，每到十一月時分，農人都忙着耕地施肥，以便播種。十二月底左右，在天寒地凍之中，淡黃色的麥芽終於突破泥土而萌發，一月到二月的期間，正是麥根穩紮入土，需要踏麥（早春用脚踏麥苗，鞏固紮根，以防止徒長）的時候，當春天來臨，就是分蘖而發育結實的日子。

「升」含有「播在地下的種子」之意義，然後種子逐漸向上成長茁壯。

「上升」和「上昇」同義，都是向上爬升的意思。所謂「昇格」也就是使「格式」更向上一層樓邁進的意思。「升」可以說是您的努力在現實中開花結果的意思。因此，出現本卦時，應正確運用自己的實力，朝自己的才能足以充份發展的方向前進，則一切必大有可觀。

嫩芽出自泥土中，只要土地肥沃，發育良好必欣欣向榮，在溫暖的陽光下，成長迅速。因此在本卦中，個人的能否發展，深受到對方的觀點，和能力所左右。

您立於被動者的身份，順從對方的指導，自己也必須以最大的努力和熱誠，表現自己，以獲得對方承認您的實力和提攜。

目前，您所有的希望、計劃、理想的實現，只差一小步就能成眞。如果對自己沒有相當堅強的信念，就如種子將壞死於泥土中，縱有千載難逢的大好機會，也很可能就此胎死腹中。只想攫取時機，却遺忘培養實力，播下的種子，絕不可能會發芽的。

所謂「上昇」，指的並非一步登天，而是脚踏實地，一步一步的往上爬。卜得「地風升」時，也差不多是快要加薪或升職的時候。因此，對所有的事物，還是堅實漸進吉利。

「地風升」也是求婚姻的大吉大利上上卦。女性有「乘玉輿以歸」的榮耀與喜悅。新婚少婦而言，因本卦是「種子萌芽」的隱喻，可能正是「妊娠初期」的時候。總而言之，只要逆來順受

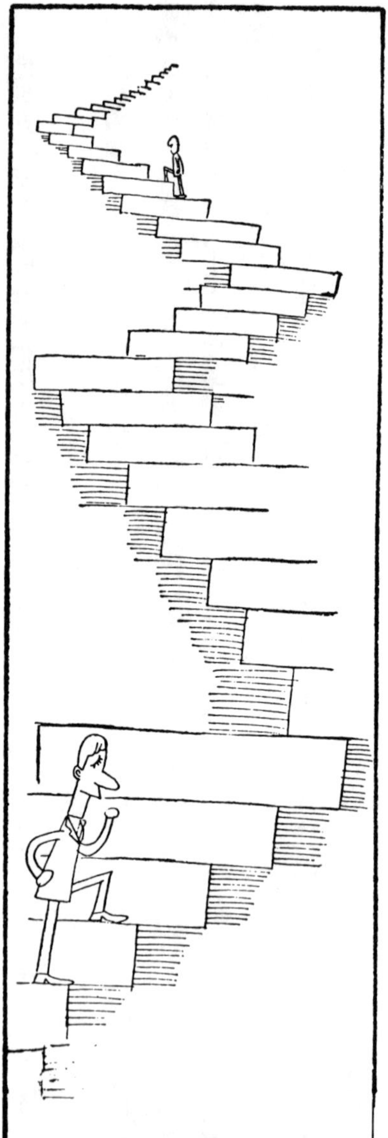

男子登階時，加薪升級的日子

，忠誠的服務對方，則成果必大出意料之外。在烹飪方面，因經濟觀念過強，所以色香味上，不能完全俱全，而且口味上也缺乏變化。也許上烹飪課研究一段時間，相信三餐都會是香噴噴的。

✿

日本的金田正一選手，擁有十多年球場生涯的經驗。西元一九六一年，某體育記者想知道當年的金田正一運勢如何，其時是西元一九六一年的二月，正當球季開鑼之前。

卜卦的結果是「地風升」。「升」者向上昇的意思，也是表示能夠朝着足以充份發展才能和實力的方向前進。我所下的判斷是：

「這是個上上卦。表示今後將更入佳境。但另一方面，地風升同時也是播於地下的種子的意思。

本卦非常適合新進的選手，但對馳聘球場十數年的老將來說，本卦也非絕對純是益點。我想，最近他可能受到不爲人知的煩惱所困擾着吧！因爲播於地下的種子，表示和妊娠有關。不過，綜觀來看，金田正一選手的運勢應不見得多壞。」

日後，筆者曾在某週刊雜誌上讀過，金田正一和女性間，因懷孕生子的問題而不勝其擾。雖然當年金田的成績不惡，但並非値得喝采的佳績。

同樣是「地風升」卦，在女性方面的解釋，則又大異其趣我們以日本名女星「岡田茉莉子」

爲例。地風升是女性不可多得的上上卦，如同前述，本卦有「玉輿」之意，「玉輿」是古代皇族后妃、公主的座車。換言之，岡田茉莉子小姐在電影上必有非凡的作品出現。

筆者首次與岡田茉莉子小姐見面，是在西元一九五八年的春天。地點在日本西久保巴町的日本電子攝影廠內。她給我的第一印象，使我有股強烈的衝擊，直覺得這位小姐簡直就是爲了成爲一位偉大的女星而來到人世間的。

「升」卦也表示年輕時候，在下層階級受到相當苦楚，而現在終於破土而出，綻放新芽。當筆者卜得「地風升」一卦，岡田茉莉子小姐已在電影界異常活躍，如此一位名女星，竟然還會有「升卦」出現，那麼這就表示，岡田小姐的確下了一番苦心，以期能夠更精純地發揮演技。她已從表面的美艷，轉向修養內在更高尚的氣質。然後，從她本身的修養中，將再開放更新的嫩芽。

當時我是這麼告訴岡田小姐的：

「岡田小姐，您目前擁有相當吉利的運氣。身爲女星，現在才正是您鴻圖大展的時候，三年以後，您一定比現在更爲活躍。」

她聽了以很瀟洒的口氣說道：「哇！好高興哦！」並當場把她親手簽名的扇子送給筆者，這把扇子至今仍保存在筆者身邊。目前岡田茉莉子小姐在日本影壇的知名度，自不用贅言。

47  有裂痕的玻璃杯（澤水困）

卦辭：困，亨，貞，大人吉，无咎，有言不信。

困的字源，原本是口中有木生長的意義，就如同盆景的小樹，在小小的花盆內，樹幹樹根都無法充份伸展，枝葉也不能茂密滋生，四處碰壁，痛苦非凡。從字形上看，口中有木所受的刺痛也不在話下。對人類而言，人生旅途中，偶爾也會有這種時運不濟的時刻。「澤水困」也是易占的四大難卦之一。

「困」是困頓、痛苦、煩惱的意思。所謂「困厄」、「困難」、「困苦」、「困頓」，無非是正受苦受難的表現。在本卦象之下，雖然目前處於困頓匱乏的時期，但仍然堅守自己的節操，要有維護正道的決心和毅力，不隨波逐流，或因劣勢而氣餒。現在也是正道不伸、正義不張的時期，非堅志隱忍不可，但是在這種情況之下，想要堅守正道，也是頗爲困難的。

就另一方面而言，水入於澤。澤，在現代生活中，可比喻爲杯子。從卦形上看，也可知杯下有水，正是茶杯破裂，茶水四溢的狀態。現實生活裏，乃是處於愈來愈窮的日子中。如非相當正直有氣節的君子，大概天天長吁短嘆、手足無措。

女性卜得此卦時，常會生活困頓，或有家庭的煩惱，而終致喪失自己的立場，不是爭鬧不休，就是離家出走。新婚初期，外出就職的婦女，則因近水樓台的關係，常和使君有婦的男子，發生不正常的男女關係，而處於痛苦不可自拔中。面對此種狀況時，不但金錢方面得不到利益，唯一所寄望的愛情，也漂泊不定，無所歸宿，終至孤孤單單渡日，心靈枯寂無助，簡直是欲哭無淚。同時，世人的誤解，惡意的批評不絕，自己會把自己推入難以超脫

「困」字口中有木，大惡之卦

的絕境中。

男性在本卦象中，表示他雖然能言善道，信誓旦旦，但是却缺乏果斷的實行力。因此，結果就像伊索寓言裏，放羊的孩子大喊「狼來了」欺騙大衆，而自以爲好玩，殊不知最後羊眞的被狼全吃光了，確是「謊出三次，人不信其眞。」

事業方面，週轉不靈、實力不足；健康上，煙酒過多，而受胃腸病煎熬。如果想衝破目前的困境，首先須痛改前非，確實洗心革面。經常保持開朗的心情，深切反省自己的缺點，必可漸漸從當前的困境中脫穎而出。

某女職員因對某位瀟洒的男子，夢寐以求，前來造訪筆者探詢結果。

從女性的眼光來看，這位在公司任職的小姐，不但高雅風趣、甜美可人，在工作方面又能勝任愉快，是個不可多得的好女孩。但不幸的却是天生結婚運不佳，經常都是到婚事的最後關頭泡湯。因此，在占卜後出現「澤水困」也是理所當然的吧！

我嘆了一口氣，告訴這位小姐：

「目前您所中意的男子，大概不會有順利的結果。對方不但沒有誠意，而且身邊還有別的女人，當然在他身邊的女人，最後也不可能和他結合。我想這位男士，目前絲毫沒有成婚的打算。

」

因爲「困」字，顯示目前這位小姐並無天時地利之惠。同時亦有「謊出三次、人不信其眞」的含意在內，這表示男方一直在撒謊，根本沒有一點誠意。

這位小姐從面相來看，性格相當強硬。所以，一直過着單身職業婦女的生活，也必相當受到周圍人士的誤解。

據說，小姐的母親和哥哥，一直對這位男士不積極地求婚，也頗不諒解的樣子。但是我只能再告訴她：「只要對方男士不採取行動，您的婚事就必須一直延擱下來。」

48

滋潤旅人的水井（水風井）

卦辭：井，改邑不改井，无喪无得，往來井井，汔至亦未繘井羸其瓶凶。

「井」就是水井。水井是日常生活中必不可缺的。古代的村落聚集時期，聚落大都建築在流水暢通的河邊，或是水源、水井的附近。對生活在雨水充足的地方的人而言，對缺水不會有切膚之痛的認識。但對生活在沙漠的民族來說，荒野中的一切水井，比噴出石油或生產黃金的礦坑更珍貴。

古代的鄉村中，村民圍傍水井而生活。因此，一旦原有的水井乾涸，則必須尋求新的水源，遷往水草旺盛之地。如能掘得一口甘香甜美的水井，那種歡騰的喜悅是何等感人呢！水井的水無論怎麼汲取，它仍然永遠保持豐沛的水量。在此處，村人又重新開始另一段新的生活旅程。走在漫長遙遠旅程的旅人，只要能得一口清涼的泉水潤喉，必然是精神百倍，所有辛勞瞬間消失無踪。

這就是「水井」所具備之「德」。無論井水多清澈甘甜，如果吊桶破裂，或吊繩腐斷的話，水井根本發揮不了任何作用，因此水井和吊桶齒唇相依，一旦分離，彼此都形同廢物。所以說，雖然夫妻在外表上，似乎已到非分手不可的地步，但實際上，夫妻恩愛仍在，不容易就此分手。

總而言之，此卦出現的時候，如同水是生活所必備的一般，別忘了努力去汲取井中的泉水。愈是汲取，井水才愈能更新不斷，清新的泉水湧湧而出。當然，不僅僅是爲一己的需要而汲取，更要有奉獻犧牲的精神，也爲大衆不辭辛勞地汲取。在上位的人，也不要忘了部下的辛勞，經常慰勉有加，如此公司業務必蒸蒸日上。

水井非為己而設，莫忘滋潤他人

數年前，日本東京上野區的某電影院，有位值夜人員被殺。

當時，筆者熟識的一位記者，急忙來訪問筆者。他閱歷尚淺，採訪凶案新聞的經驗，更是少得可憐。

他一見到筆者，幾乎面色鐵青，以近於顫抖的聲音對我說：

「老師，我這輩子第一次看到屍體，眞是可怕啊！屍體就躺在上野的電影院內，身上有一百十四處刀傷。害我看了連飯都吃不下吶！這種凶殺案，到底什麼時候可以結案呢，據警方說，這是老手幹的，兇嫌至少有兩三個以上。」

聽他滔滔不絕地說，我知道這下子非占卜不可了，卜出的結果正是「水風井」

。此卦意味水井和吊桶之間，有密不可分的關連。可見，是在同一個範圍內往復地行動。

「這是熟識的人際關係，而且是單獨做案，可能其中含有感情的成份在內。我看，往情殺方面着手去調查，大概八九不離十吧！」

「這麼說，什麼時候可以結案呢？」他眼光閃爍，充滿希望地問。

「因爲這是熟人幹的，我想很快就會破案的。」

這麼一說，他又不太相信的問：

「眞的嗎？」

我笑着告訴他：

「您今天也累了一天，最好回家小酌幾杯，睡個舒服的大覺吧！本卦與飲食有關，不必驚慌，此案必立卽水落石出。」

第五天，死者的同事被警方以謀殺罪名逮捕。據新聞界透露，兇手和死者之間，似乎有同性戀關係存在。我再次爲易占的神秘性感到震憾。

49 ䷰ 湧向城鎮的革命怒潮（澤火革）

卦辭：革，已日乃孚，元亨利貞、悔亡。

革，首先讓我們連想到的就是「革命」一詞。

革，原意是皮革，獸皮經過加工之後，才能製造成柔輭的皮革，因此，含有改革、變革的意思在內。我們通常應用的革命、革新、改革、變革的字詞，就是源自於此。所謂「革」，是古舊的事物轉變成新事物的過程。而且這種除舊更新的改革，必須循着正道，當成一個新方向的轉機。因此序卦傳上說：「井道不可不革，故受之以革。」

就像近代日本的明治維新，三百年的德川幕府被推翻，成立最新的君主立憲制度。再如戰後軍閥控制的局面崩潰，日本邁入更新的民主政治制度。這些全都是時代巨輪的趨勢和世人的力量，衆志成城而來的改革，法國大革命也是個很好的實例！

在易經的本意裏，「革」亦含有「皮革」、「獸革」之意。將獸類的毛皮剝下，經過加工之後，轉變成形態截然不同的「皮革」。換句話說；「革」，就是將某樣東西，蛻變成和原來完全不同面目的東西。

革在四季的大自然變化中，就像夏季裏繁密的青葱綠樹，到秋天後，不是變成火紅般的紅葉，就是枯黃而隨風飄零，這就是天時的運轉所致。動物體毛或羽毛，也同樣會隨着時節的更換而脫落，然後長出更柔輭的密毛。「革」就是比喻此種現象的卦。

相信各位都知道，易經的原典中有這麼一句話：「君子豹變，其文蔚也，小人革面，順以從君也。」與此相似的字形，就是所謂的「大人虎變」，老虎被稱爲萬獸之王，在百獸中最具威嚴，相當於世人中的偉人，因此用老虎來比喻大人，也就是指國君、君王而言。而君子則比大人稍遜一截，豹雖猛捷，但終不及老虎的光采雄偉。因此以豹來比喻君子，而君子者，就是指大臣或宰相而言。「君子豹變」一詞，目前似乎已和原意脫節，轉變或特指變節、背叛的人，但本來「君子豹變」，比喻人應像豹身上的斑紋，隨着季節的轉變，而蛻變成更鮮艷的色彩，不斷的革新自己。換句話說，君子一言既出，必須貫徹實行到底。宰相有所訓示行動的話，一般庶民立刻改變自己原本的態度，善良溫馴地追隨宰相的領導。這才是「君子豹變」的本意所在，絕非現在所誤用的背叛、變節之意。

在公司內部的革新做法上來說，就是淘汰老舊、無法跟上現代化步調的員工，重新招募採用新人。「革」卦出現時，適合公司內部人事、方針的重大變革。總而言之，卜得此卦，無論是自己本身，或身邊周圍的事物，大都已到非根本改變不可的迫切時期，此時亦是最強運的時期。可變就是能變、不用猶豫。

但無論從事那方面的變革，若其獨力進行，不如參與大規模的共同事業，較有更豐盛的實效。因爲革卦本身就是強調群衆同心協力的象徵。

結婚問題方面，因爲「澤火革」是「變革」的意思。新婚者可能不太順利，但對再婚者，是個吉卦。

臨盆的婦女卜得此卦，表示不久後卽將生產。如果病得相當嚴重的人，卜出此卦，恐有生命的危險，因爲，此人世已不能久留，不久將「改」走向另一個世界去了。但如是病情不太嚴重，仍有痊癒希望的人，無妨改請其他醫生，或者改送至設備較齊全的大醫院，採取萬全之策，也許仍有改運的希望。

※

在西元一九五九年的冬至那一天，筆者親自爲當時岸信介內閣的未來占卜吉凶。岸信介內閣成立以來，幾乎是多災多難，不斷遭受日本國民的非難和指摘，幾乎可以說沒一天安寧日子好過。

卜出結果是「澤水困」，困卦是喪失立場之意，已在第四十七卦中解釋過，困卦是易經四大難卦之一。凡事陷於困頓艱難的卦象。其後，在西元一九六〇年的二月，正當「立春」那一天，筆者再次占卜岸信介的前途吉凶，這次所得的則是「澤火革」。

相信現在大家對澤火革的意思已一目了然吧！「革」就是從新改變。前面已說過，像春天迎着暖風綻放的嫩芽，到秋天後仍然免不了隨風飄零，其變化是隨大自然的演進而蛻變的，但是唯有改革絕不可過於激烈。我覺得在西元一九六一年的七月，日本將有政治上的大變革，那一次的慘禍，直到事變的前一天，仍然沒有任何人有那種能力可以預見呢！

50 ䷱ 三人的圓桌會議（火風鼎）

卦辭：鼎、元亨吉。

鼎是古代祭器之一，是三足鼎立的鍋之意。一如字面的意義，三個人支撐着一件東西，成三足鼎立之勢。獨立無法完成的事，只要有三個人合作，就必能成就非凡的偉業，這就是「火風鼎」

」含意。目前正值一切事物都充滿安定感、充實感的狀態之中。

遠古時候，天子以「鼎」，烹養供作犧牲的鳥獸以祭神，或以鼎來待客。天子召集諸侯或群臣，以鼎爲中心設宴，在愉快的談笑中，彼此交換意見，討論國家大事，也就是所謂的圓桌會議。所謂的「鼎談」出自於此。本卦顯示，保持所有的事物在調和中前進，是人生的秘訣之一。在事業方面，志趣相投的伙伴，組織成調和的同夥事業，或以地盤、財力、智力三者相協調，彼此處於極安定的狀態之中。

此外，我們也可以說，這是凡事協合，地位安定的意思。因此，是婚姻上的吉利之卦，婚事進行必相當順利。本卦是三人組合之象，所以結婚後也有可能再娶小老婆。易經原典上也說：「納妾本來不是好事，會引起家庭的糾紛和爭執，但如納妾而生子，已有後嗣，則未必是壞事。」也有可能是家中有能幹的婆婆和小姑協助。無論如何，三個人在一起反而會因此更加調合，更加和睦相處，使家道蒸蒸日上。

✤

日本明星森繁久彌，無論是在電影、舞台、或電視上都異常活躍。筆者在西元一九六一年，應某週刊雜誌社之邀，預卜他下半年的運勢如何，當時是西元一九六一年的七月三日，占卜結果是這火風鼎。

前面說過，本卦是地位安定的意思。再說，三者鼎立，更是顯示他在電影、舞台、電視上的演技地位，立於不敗之地的象徵，同時也將比目前更活躍。火風鼎也表示着「頭梁運」，因此，我想他或許也會開個什麼森繁一座的吧！因爲菊田一夫已有先例，森繁大概也不落人後，日期大概在十月份左右。

當時並沒有任何蛛絲馬跡出現，但到了十月左右，據說他已開始鑼鼓上陣了。

51 ䷲ 轟隆不斷的雷聲（震爲雷）

卦辭：震，亨，震來虩虩，笑言啞啞，震驚百里，不喪七鬯。

從卦象上可看出有兩個雷重疊在一起，顯示雷鳴轟隆的震動聲。

萬里無雲的晴空，突然烏雲密佈，耀眼的閃電劃空而過，轟隆的雷聲宛如要震破大地，當閃電和令人驚慄的雷聲逐漸遠去之後，天空又恢復原先萬里無雲的清澈。雷聲稍弱時，在雷聲中恐怖顫抖的人們，也露出笑容，奇怪自己爲什麼會那麼胆小，竟在雷聲中發抖。

因此，卜得此卦時，雖然驚恐不小，但實際受害程度則少之又少，可說有驚無險。相反地，也有徒然誇大其詞，但實際業績却小得可憐的結果，因此非得從容不迫不可。當然更不可掉以輕心、疏忽大意。

這就像勞動節的大遊行，充滿着年輕活力和堅強的氣勢，但要留意雷聲大雨點少的缺點，不可只流於計劃和空想。在工作上，一定得沈着堅實，訂定最充份的計劃，確實行之。

婚姻運不適於初婚者，因為「雷」上下相疊，有重覆兩次的意思，或許對於再婚者較佳。

※

西元一九六〇年十二月二十九日。筆者受日本教育電視台的正月節目，占卜西元一九六一年的各方面世界大勢。其中有一項問題是美蘇的太空火箭競爭。當時筆者針對蘇聯的太空計劃占卜，所得的正是「震為雷」。

「震」是顫動、抖動的意思。因為有兩個雷上下重疊，我認為，蘇聯為向世界各國示威，必定堅決進行太空火箭的發射。同時「震卦」又是「聲音雖大，但實害却小」的意義，因此，我又判定，蘇聯的太空船不但能升空，上面的太空人也能安全返航地球。當時我說，蘇聯的太空飛行計劃，必定成功無疑。不久，西元一九六一年的四月十二日，蘇聯太空人克格林少校，駕駛東方號太空船，做人類首次的太空飛行，他以一小時又四十八分鐘的時間，環繞地球一週，並安全返

不動如山，靜候良機

航。

52 ䷳ 聳立的群山（艮爲山）

卦辭：艮其背，不獲其身，行其庭，不見其人，无咎。

就卦形上看，本卦由兩山重疊而成。也就是所謂的「不動如山。」表示胸中清心寡欲，即使有不平之事，也不溢於言表，只是靜置心中，像高山一般，非擁有高尚的精神和不爲所動的信念不可。因此，出現此卦時，必須冷靜理智肯定自我，絕不受外界的刺激所動。凡事適可而止，寧靜恬淡達到忘我的境地。

在事業方面，目前無法獲得協力者。「山」顯示，以自我之力前進，有停滯阻礙的事物橫在眼前。因爲有山互阻，自然無法暢通了。

就長久的遠光來看，由於「雙重川」在前，因此，就如「聚沙成塔」的俗諺，只要孜孜不倦繼續默默耕耘，將來必大有作爲。

就婚姻來說，您的婚姻早已內定妥當，只須靜待其成。但如果目前仍在交涉階段的話，可能無望，最好就此打消目前這個對象。

53 ䷴ 飛翔的侯鳥(風山漸)

卦辭：漸，女歸吉，利貞。

「漸」本意是水份浸透的意思，因此有逐漸前進之意。易經的漸卦原典上，有如下的說明：

「鴻漸于干……鴻漸於磐……鴻漸於陸……鴻漸於木……鴻漸於陵……鴻漸于逵……。」干，是水邊，磐是大岩石，陸就是陸地，木，是樹木，陵是高陵、高崗，逵，則是四通八達的道路，因此本卦可以做如下的解釋：「大雁從水面飛向岩石，又從岩石飛下陸地，再從陸地棲息於大樹上，然後從大樹上飛向高山而去，最後踪影消失在雲霧中，迎風飛向鵬程萬里。」這就是候鳥依季節的不同，而不斷更換牠們的棲身處。這也比喻少女遠離自己的故鄉，而嫁到遙遠的丈夫家裏。必須要啓程他往，才能尋得幸福，而幸福正在遠方等待着。

如果您已經訂婚，那麼你倆的婚姻必是良緣，一定會有圓滿的結局。就算還在戀愛當中，你們的愛情，也必有令人羡慕的美滿姻緣。無論處在什麼階段，千萬不可停頓，愈早結婚愈能創造幸福美滿的家庭。當然不可忘記，一切還是得依照順序，就像鴻雁啓程他往的順序一般。

以日常生活來做比喻的話，「風山漸」就像各人所受的學校教育，從幼稚園，到小學、國中、高中、大學、研究所，循序漸進。人類的身體、頭腦，也因此而成長發展至完美的境界。

對那些使君有婦的男人而言，所謂「飛翔的候鳥」，表示他除了明媒正娶的太太之外，必還會有其他的黑市夫人，或早妻、午妻之類的女人。

ஜ

西元一九六一年的五月五日，筆者應記者之託，爲葉山佩姫小姐占卜吉凶，卜卦結果，當然是「風山漸」。我問那位記者：

「你看，這是表示往外地比在國內更有發展的卦象。可以說是不斷乘坐飛機的比喻。這到底是怎麼一回事呢？」

「葉山小姐現在前往豪州。這是她的第二次豪州之行，據說她在豪州非常風靡呢！」

「這麼說就不會錯了，不過，她的旅行一定非常多。卽使她在六、七月間回國，到秋天前後，她必定會再往外地。因爲「風山漸」就是候鳥的比喻，水鳥從水邊展翅飛向旅途的象徵。

葉山佩姫小姐身爲歌手，應向外地發展較爲成功，既然是『風山漸』，那麼她一定經常前往外埠演唱。但卦辭上也說『漸，女歸吉』，因此，葉山小姐離新婚大喜之日，大概也已不遠了吧！」

目前，葉山佩姬小姐結束第三次的出國巡廻演唱，已囘到國內定居了。

54 ䷵ 侍奉君王的少女(雷澤歸妹)

卦辭：歸妹，征凶，无攸利。

「歸妹」原本的意思是，美艷動人而獲選入宮的荳蔻年華少女，或者是當成「貢物」奉獻給君王的少女。因此，本卦象徵不經過正式手續，而和男人共渡婚姻生活的婦女。所以，歸妹也是並無透過正常婚姻手續，僅因一時情感的交融而結合的喜悅。

以現代的社會生活來說，是指瞬間的熱情，在婚前發生肉體關係的男女。婚姻運並非全是凶惡，但想要進行到最後的圓滿結局，則還有一段艱辛困苦的旅程。戀愛方面，如果只是沈溺於肉體關係，將無法持續多久。

假如是從事色情行業的女性卜得此卦，表示即將遇到正人君子而從良。在占卜日後的運勢方面，最好凡事採取退後一步，循前人的步調而行較吉，以一時的衝動而行事的話，反而會於事無補。

但要注意因不正、私慾而遭致半途而廢。求職方面，目前適合於短期性的臨時工作，或半工半讀、打工等較有所爲。

※

去年夏天，經過好友的介紹，筆者爲某名作家的獨生女占卜婚姻運如何。結果是「雷澤歸妹」。

「『雷澤歸妹』，對二號夫人來說是上上之卦，但對正式的婚姻則不太吉利。無妨前往徵信社，再詳細調查對方那位男士的底細。我認爲那位男士必還有其他女人。無論小姐對他多沈迷，總會有夢醒的一天。」

事後經過不斷調查，果然發現那位男士，另外還有其他女人勾搭着。

55 ䷶ 哀愁的太陽（雷火豐）

卦辭：豐，亨，王假立，勿憂，宜日中。

豐就是豐盛的意思，就如同「豐滿」、「豐麗」、「豐潤」等言詞所表達，目前已是達到最高點的滿盛狀態。

位於中天頂上光芒萬丈普照大地的太陽，還是會傾斜西沈。令世人着迷的滿月，也會有盈缺消長，甚至於一片闇暗的時候，這些全都是天地間的自然現象。您的運勢也一樣，雖然現在運盛氣強，但還是須考慮到即將來臨的可能發生之事。一天的工作，要趁太陽仍在天上的期間，做最妥善的安排和解決，使所有工作都能圓滿完成。

君臨天下的帝王，愈是正值最豐盛的

時期，則愈擁有最龐大的財富，但想永久維持帝國的強盛和豐盛的財富，則需要孜孜不倦苦心經營。因爲鼎盛的國勢，如日中天，但是不久後仍要偏斜西下，面對着未來可預見的危機下，如何永恒持有，是最大的課題所在。

古人形容此卦爲「待殘花雨之意」，也就是說明盛極而衰，處於悲哀的環境中之比喩。「嘆花命苦短常淒涼……。」

出現此卦時，已是從顚峰走下坡之際，凡事應明確地卽時解決，否則悔之已遲。

就男女關係而言，前面的「歸妹卦」，是天地陰陽調合，男女合歡之象。本卦則是男女合歡而結「實」之象。可見女性已經在妊娠之中，您倆的愛情長跑，到這個階段，已是非做個圓滿的了斷不行的時候。

對普通人來說，本卦暗示開始衰微的運勢，必須立刻採取對策。因此象傳上說：「豐，大也，明以動，故豐。…………日中則昃，自盈則食，天地盈虛，與時消息，而況於人乎？況於鬼神乎？」但是相反的，豐又是代表目前的興盛和繁華，所以適合從事華麗、壯觀之職業的人。例如藝術、文化、藝能、美術等方面的從業人員卜得此卦，必定能夠一舉成名。

※

西元一九六一年的七月七日，筆者爲岡田茉莉子小姐占卜，那時候她已演出不少巨匠的作品，演技方面也自樹一格。

筆者再次占卜岡田小姐的運勢，所獲的卦卽是「雷火豐」，這是巨大的天竺牡丹花盛開的艷麗。特別是豐卦，又對文化、藝術、藝能方面最爲有利。對一般人而言，豐卦過於華麗，反而有負面的影響，但從事藝術方面的人，則有絕對的發展性。

接着就其事業方面占卜吉凶，所得的是已敍述過的第二十卦的風地觀，「觀」是往上觀察、往下俯視的意思，也就是觀察事物。因此我認爲，她可能卽將出任電影的製作人。

總括這兩卦來分析，她的運勢從現在到明年，必定是愈來愈旺盛。自任電影的製作人以後，必能充份發揮自己的才能。

56 ䷷ 充滿不安的旅人（火山旅）

卦辭：旅，小亨，旅貞吉。

「旅」一如字面上的解釋，是旅行的意思。

而且這段旅程，並非一天或兩天的短暫行程，乃是顛沛流離，如同山上的野火燎原，飄忽不定，從這處移向他處燃燒，持續更長更遙遠的路途。也就是充滿着不安情緒的旅人，急着一站又一站地趕路的象徵。在外旅行者，一路上盡是生疏的環境和陌生的面孔，也居無定所，四處流浪，缺少家庭的溫暖，和家人朋友的照應，因此本卦又顯示孤寂、不安和勞苦困頓，接踵而至。

雖然現代的社會中，一切都很完備，生活環境舒適，不虞匱乏，但是無論到何處旅行，總有一些不自由、不自在的感覺，隻身在外，總不如居家那般，有安定舒爽的沈着氣氛。

從目前的運勢來看，您不應積極地出面，在各種場合中，都以被動的姿勢，柔順地附和天時、場地來行事，如此才不致於遇到凶險。

但話又說回來，我們經由旅行可增廣見聞，吸收到許多寶貴的經驗和知識。所以，「火山旅」一卦同時也象徵研究成功而獲得學位，或出版著作而揚名天下，或考中著名的學校而歡欣鼓舞。

就女性而言，每次見到「火山旅」這一卦，我就想到以「比比身高」和「 Nigoria 」兩書而名聞天下的樋口一葉。背負着化粧品四處兜售，在心中一面思索小說情節，雖然生活孤寂困頓，但心中却充滿希望，一心一意想突破目前困境的女性形影。胸中燃燒着愛情火焰，但却苦於無法結合成夫妻，鎮日在寂寞痛苦中渡日的不幸宿命女性，經常卜得此卦。

婚姻方面，常因住家或職業的不安定，而一直拖延下來。或者由於彼此的內心深處，仍有無法協調一致的觀點阻碍着，結果婚事的進展同樣不太樂觀。再說，像旅途中偶然邂逅的一夜夫妻，路旁偶拾的戀情，當然是無法持續多久的。夫妻方面，因工作關係，不得不兩地相思的情況也不少。

※

從日本男士的象徵到進軍世界影壇，在世界影壇上佔一席重要地位的日本影星三船敏郎，也是衆所週知的巨星之一。

西元一九六一年的四月七日，筆者曾為三船敏郎占卜運勢。卜出結果是「火山旅」。前面說過，旅就是外出旅行、四處飄泊之意。當時筆者的判斷是這樣的：

「火山旅對從事藝術工作者而言，是上上之卦，對他來說，酬金多少並不是問題，他必懷抱着對工作的熱忱和滿心的希望，就此出發。並因他的這種態度，而確立他在世界影壇上的名聲吧！」

當時，三船敏郎往墨西哥拍片的契約，仍尚未成定局，日後他在墨西哥事業的成就，或許大家都已從報章雜誌知悉。我相信，今後他前往海外求發展，且更加活躍的機會必愈來愈多。

57 ䷸ 隨風飛散的蒲公英（巽爲風）

卦辭：巽、小亨，利有攸往，利見大人。

從卦形上可看出，本卦有二風相疊，也就是清風輕拂的象徵。有時風從東來，有時則自西而至。稻穗因風的傳佈花粉而結實，松果更因風的傳送，而將種子吹向遠方，形成新一代的生命。蒲公英的種子，則在風中，宛如揹上白色的降落傘一般，隨風飄散。就像植物利用風力來繁殖生命一樣，如果您肯下功夫努力，並善用周圍的事物的話，您的運氣必愈來愈旺盛，愈來愈結實。

本卦亦含有出入和順從的意思。「巽」的本義是，台上放置着物品。因此假借爲同音的「順」、「遜」，成爲「入」或「順」的比喻。所以說，並非自動自發地行動，而是像隨風而飄，順從他人的意思，順從天時，如此才能取得自我的立場。處在這種場合中，最好能順從其他有實力者提攜較佳。卦形上本卦是一陰順從二陽，這本是自然的道理，所以說應依附順從才幹卓絕者爲佳。

在日常生活中，像風那般無孔不入，不斷反覆吹拂的情形也不少，所以常會遇到迷惑，而無法驟下決斷的徬徨時期。因爲風是無孔不入、無所不吹，所以外出時最好緊閉門戶，免得遭受「賊風」所吹的失物喪財之災。從蒲公英和松果被風愈吹愈多的比喻來看，物質方面，就像市場上擺設各色各樣琳瑯滿目的商品，可說是相當豐碩。

古代的商隊，遠涉艱辛難行的絲路，運去中國的絲綢、布匹，陳設於市集上，叱喝叫賣的情景，就是本卦的最佳比喻。商隊們在一個市集所賺的錢，拿到另一個市集去購買土產、貨物，然後再運送到更遙遠的市集去。這就像風把植物的種子吹送到遠方。易經經文中亦有「上市的話可獲三倍商利」的說法。

婚姻方面，也如「隨風而逝」那般，飄忽不定，極欲有穩定沈着的一天。戀愛中的情侶們雖約會頻繁，但對婚事則大多舉棋不定，迷惘無助。似乎彼此都好像還在等待，是否有更佳的另一個出現。

面對這種情勢，最好請教能夠幫助您下決斷的年長者，或有經驗者爲佳。

筆者曾爲某大報社的新進記者占卜，結果得到此卦。前面已說過，這是風揚萬里且將種子運至四面八方的比喻。因此對從事新聞工作，把消息傳佈至遠方的新聞記者來說，是最佳的卦象。

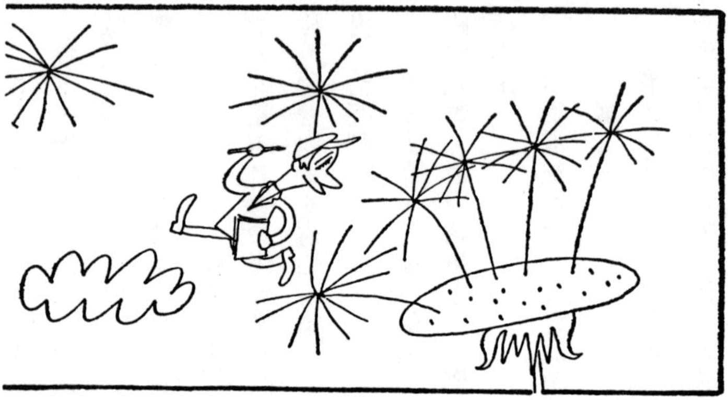

我問他：

「您是否因爲被安排在地方勤務方面的工作，而感到迷惘呢？」

「這麼說，老師認爲我還是地方性的採訪工作比較好是嗎？」

「當然啦，跑地方新聞，可豐富自己的閱歷，同時還會因此遇到升遷的最佳機會。問題在於您的決斷和奮鬥心如何，假如您能夠不爲外物所動搖的話，在該處的工作必獲成功，也會獲得上司的賞識。然後就像輕風外覆地吹拂一般，你將再次被調回總社，這就是您所想像不到的高昇。」

日後，他在地方性的採訪工作，不但自信有加，而且活躍異常，看樣子生活還過得相當愜意。

像蒲公英隨風飛散一班，
是新聞記者的上上之卦

58 ䷹ 充滿喜悅的少女（兌爲澤）

卦辭：兌，亨、利、貞。

「兌」也就是喜悅、愉悅的意思。「喜悅」、「悅樂」不外乎是表達世人的歡樂之情，當然這種喜悅，必須是完全出於內心眞正的快樂。

在待人接物方面，也須以穩和、誠實的態度，循正道以表現自我，使他人能夠心悅誠服地接受。

以人類的身體來比喻，兌就是「口」。請看看卦形，這不就像兩個口上下相疊在一起的樣子嗎？

因此，如果男性是從事靠嘴巴吃飯的工作，例如推銷員、保險推銷員、外交官、廣播電台從業員、新聞記者、出版業等，相當有利。以甜言蜜語誘惑他人需要用嘴巴，說服他人也需要嘴巴。

但是，嘴巴雖然吐露眞實，不過口舌是非、論辯之源頭也是嘴巴，不平、不滿、怨聲載道等也同樣出自於一張嘴。所以人們常說「禍從口出」，實在是眞實道出了人的嘴巴也能致禍的一面。

即使着手進行一件困難艱苦的工作，只要在上位的領導人不口出怨言，懷抱着喜悅的心情，一馬當先領頭去做，底下的幹部們必也心甘情願、心誠悅服地奉行領導人的指示。像這樣，從溫馨柔和的氣氛中出發，不抱怨不吐苦水，是目前最要緊的癥結點。

但在現實世界中又如何呢？幾乎可以

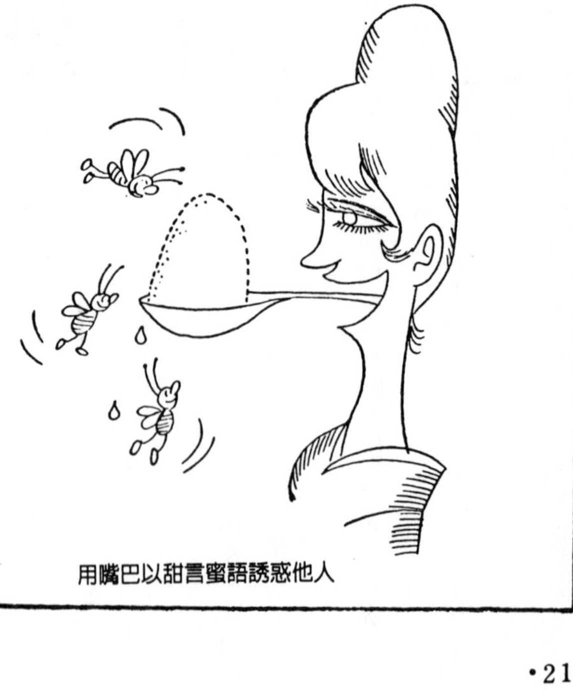

用嘴巴以甜言蜜語誘惑他人

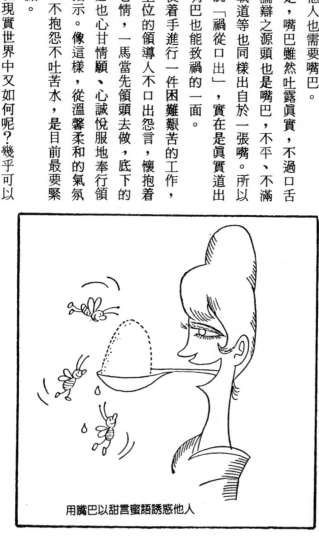

說，這世上根本沒有不發牢騷不埋怨的人。所以說，至少我們可以開懷大笑來抹消心中的不悅。

「兌」卦，本是少女或笑聲的意思。兌卦可使人連想到少女開口吃吃而笑的嬌樣。卽使一件小事，他們也會因此而天眞無邪地掩面，嬌羞萬般地吃吃笑呢！這就是少女之所以爲少女的迷人之處。

女性在本卦中，大體上都是身材嬌小玲瓏、愛撒嬌、甜美可人、善於待人接物的婦女。卽使到中年後，仍然善於唱些山歌、小調。在床戲方面，也必使先生感到滿足、快樂。不過，就日常生活而言，也許稍嫌嘮叨了一點，大概做先生的，常是閉口菩薩，沒啥開口餘地，只有洗耳恭聽的份。

婚事方面，正是一男被二女包圍，成天爭擾不休的時候。卽使結婚以後，口舌之爭也免不了。大部份的場合是只有甜言蜜語，但實質上却相差太多，也就是表裏沒有一致。但對再婚者而言，都能生活在絕對幸福之中，因爲喜悅雙重，自然是樂不可支了。

「兌換券」就是紙幣或鈔票而言。「兌」原意是鍊金後的金子，也就是金幣、銅板的意思。世界上的人，大概沒有一個人會看到錢而不笑逐顏開的。本卦顯示，在金錢方面，反而特別豐盛。

「兌」在另一方面，是印刷的活字母型，因此「兌爲澤」對於印刷業相當有利。

※

去年秋天，筆者為某新劇劇團的女星占卜，結果獲得「兌為澤」。這位小姐天生一付惹人憐愛的迷人臉龐，在演技方面，正處於不斷向前發展的時期。雖然已將近「而立」之年，却仍然沒有一個可依賴終身的對象。她說她想從此確立往後的方針，我當時對她說：

「此卦顯示，從事自己歡愉，同時也讓他人喜悅的工作為主的人，最有利處，因為喜悅有雙重相疊在一起，也就是說，個人有兩份工作存在。因此，您無法立卽停止新劇的演出。雖然憑口中這麼說，但是您對新劇仍有一份未可忘懷的執着。再說，您並非立於第一位的女明星。另外一份工作象徵着，許多可愛的小女聚集在一處的狀態，就女孩聚集的工作來說，例如咖啡專店或酒吧等場所就是。如從事這方面的工作，您不但自己高興，同時也能讓您的客人感到快樂。」

不久之後，這位小姐有人在背後出資，於台北西門町開了一家小店，結果生意興隆，車水馬龍。

59 ䷺ 揚帆出海的船隻（風水渙）

卦辭：渙，亨。王假有廟，利涉大川，利貞。

船帆迎着春風張滿，船隻面對着新大陸，充滿希望起錨遠揚。「渙」就是渙散、飄零。就像「渙散」、「渙發」的語詞所顯現，是將內部的淤血狀態往外發散的情景。

以國家做比喻，這是在位者收攏人心、安定國內的政情後，而向外發展國勢的表徵。例如從前的大英帝國向海外殖民，以充實國內的財富。雖然有所困難，但是仍抱着滿腔的希望而出海。並因爲揚帆出航、而脫出煩擾的日常生活窠臼，從內心的憂鬱中解放出來，朝向更自由更豪邁的境界。

本卦是氣運旺盛的卦象，也是從目前的小工作，轉變成巨大集團性大企業的大好時機。但是另一方面，也不能因爲燦爛的前途在望，而有鬆懈疏忽的心情產生，因爲大海上，隨時會有暴風雨，萬丈波濤隨時會迎面衝來。

假如您一直都處在不幸運的狀態，現在您可認定，目前是採取拯救政策的最佳時刻。男性在此卦之中，大概也是處在時不暖席，一心熱衷於工作上的時期。本卦也常見於事業家和政治家。女性則正是在公衆事業上占重要地位的時候，協助能力強勁的男性去發展事業，才能充份發揮自己的能力。當然，也必須向您的丈夫表現出對他的感謝和愛情。

婚姻運方面，由於彼此都非常熱衷於工作上，所以大都沒有積極的結婚慾望，雙方若卽若離。但如果因工作而延誤婚期的女性，目前是您能夠得到最佳婚姻對象的時機，千萬不可錯過。

筆者亦曾爲某個落選的政治家占卜。目前他正爲下次的選舉而四處張羅、爭取選票。那位政治家的秘書前來拜訪筆者，想探聽下次的選擧狀況如何。當時卜出的卦就是「風水渙」。

「這是『揚帆出海的船隻』，在易經的原典中，有『王假有』的卦辭出現。因此，我相信他在這一次的選擧，必會當選無疑。」

目前這位政治家，擁有外交護照，而且已是一位偉大的議員。

60 ䷻ 綠竹繁茂的時節（水澤節）

節，就是竹節，竹子成長的時候，一定是一節一節的往上伸展。節卦和渙卦是綜卦，渙散和節制，相輔相成。因此，序卦傳上說：「物不可以終離，故受之以節。」在日常生活中，一定要牢記常守節度、節操、節制。節也是限度、界限的意思。卜出此卦時，各方面的行事，都應該有節制，如此生活才能安定。

因此，無論是追求喜悅，或尋求生活的樂趣，都應有一定的節度才行。如果「節」超越法度的話，就變成一種「觀念」，最後形成自己的理論站不住脚的尷尬狀態。

但這並非眞正「節」的含義。就像河川的流水，如果長久停滯於某不動的湖之內，水本身卽變成死水，發臭腐壞而不再新鮮。所以，我們的頭腦，也須要順應天時和場合，非得敏捷地運轉不行。

出現本卦，也就是您面臨諸多誘惑的時期。在甜言蜜語之下迷迷糊糊，卽使香餌在前，也應相當節制，絕不可有疏忽大意的行動。

在古人的言詞中，有所謂「狐泥中現形之象」，水就是「狐狸」或「煩惱」的意思。此外「澤」亦有「泥地」、「陷阱」、或「凹地」的現象。就一般運勢而言，是狐狸陷足於泥沼中而不可拔的比喻。因此，現在是無法伸展的時期。

因此，在本卦之中，事業方面，耗費不貲，沒有賺錢的希望，戀人反目成仇的情況，也不在少數。

在健康上，也是必須特別留意。「節」就是遵守「節度」，所以須留意不要暴飲暴食。本卦也是器物中充滿水份的意思，由此也可見，這是胃中屯積過多的酒精，而無法消化的現象，大抵都有胃下垂的傾向。

對於婚姻運而言，却是上上之卦。因爲彼此之間都堅守節操，所以是一樁良緣。但是至少須要詳細調查對方的底細。夫婦關係也像水份滿佈一樣，充滿着不滿的情緒。

然象傳上有云：「澤上有水，節，君子以制數度，議德行。」如果過於進行，必致太過疲勞。因此，應該適當地節流，不要鋒芒太露。

戀愛的情侶們，現在正是結婚前的準備期間，如果能愈早從事正式的手續，愈有完美的結局，也可享受歡樂的婚姻生活。

⌘

寫這本書的時候，筆者曾請託在K大就讀的N君協助一些日常事務。最先占卜的時候，N君把我的話當耳邊風，不屑的嗤之以鼻，但隨着筆者的解釋，他愈來愈感到易占的眞實性，他曾告訴我，沒想到易經是如此意義深遠的寶典。

因此，這位大學生也開始爲他的同學占卜。

「老師，我的同學很想要一部照相機，希望知道他的父親會不會拿出錢來買，我想請老師占卜看看好嗎？」

「卜出的結果怎麼樣呢？」

「我以六個銅幣占卜，結果正是『水澤節』一卦。」

「那麼您對此卦怎麼解釋呢？」

「『節』就是竹的一節，因爲是竹的一節，所以無法一次就達到目的，這大概也就是按月給付！無論是按月給付或分期付款，反正是寫封信問候父親，順便誠懇地要求看看。」

我笑着對他說：

「在短時間內，您有這種判斷力已相當不錯了。下一次，我想聽到您更精闢的見解呢！」

數天以後、他的同學收到一架最新的照相機，那是雙親送給他的生日禮物。

61 ䷼ 孵卵的母鳥（風澤中孚）

卦辭：中孚，豚魚吉，利涉大川，利貞。

所謂中孚，就是心中誠信的意思。孚是以爪和子兩字組合而成的會意字。就是母鳥在爪間，懷抱卵蛋的表現，無論從那一方面來看，母鳥抱卵，正是自然的姿勢，也就是毫無倦怠地眞誠撫育下一代的父母之典型。所謂「孵化」也就是以爪抱卵，直到小鳥破殼而出，一直用體溫使鳥蛋孵化的象徵。

鳥蛋外表的殼非常脆薄，而正中間的蛋黃又是搖擺不定。一旦不小心掉落的話，立刻破裂，所以在取上放下的時際，必須十分愼重處理。而由於本卦亦是溫暖鳥蛋，使其孵化的象徵，因此，只要眞誠努力向上，必會非常成功。

人際關係方面，就像母鳥和小鳥相親相依，性格、興趣截然不同的人，如能相互開放胸襟、以誠意相交的話，那麼彼此的共同事業必相當理想。

就男女關係而言，中孚是典型的相親相愛之象。因此我們常常也說「中孚」是男女接吻之形。就卦形來看，似乎本卦也有上下之間，口對口相合之象。是熱烈的愛情表現。就中國和日本而言，接吻是二十世紀現代化的最新產物，但是，無論中國或日本，接吻仍是自古以來的男女雙方相悅的表現，雖然基於傳統的觀念，文人墨客不敢明目張胆地描述，但是易經上不也悄悄地明示我們：「鳴鶴在陰，其子和之，我有好爵，吾與爾靡之」嗎？由此可見古時的愛情面之一斑。

只要一心誠敬，願望必能實現。但在日常生活方面，因過度沈溺於肉體情慾的享受，易於產生覆巢破卵悲劇。

※經由某好友的介紹，一位在M公司任職的二十七歲青年，爲求一占吉凶。

他當面告訴我：

「老師，我有兩位適婚的對象，A小姐和B小姐。到底我和那一位小姐結婚比較妥當呢？」

我占卜的結果，A小姐是「風澤中孚」，B小姐則是「雷天大壯」。

我告訴這位先生：

「您和A小姐正在熱戀中。雖然你倆的戀情已經進展到某種程度了，但是您並未向您的父母表白這段戀情，也還未介紹A小姐和令雙親認識吧！

而B小姐，大概是長輩介紹你們互相認識的吧！B小姐顯示出豐裕的物質面和崇高的地位。但是本卦含有以女性爲立的家庭狀況。因此，換句話說，您可能是養子吧！」

「是的，如果我和公司經理的女兒結婚，可以住在她的娘家，和丈母娘一家人同住呢！」

「所謂『中孚』就是愈早成婚，愈能有幸福美滿的家庭生活的卦象。因此，不能僅以逃避世人的眼光來談戀愛，最好能盡快和年長的長輩商量才好。

與此相比之下，『大壯』之卦，表現物質面的豐裕，也能夠出人頭地，但在精神面上，卻也有無法融會的缺點存在着，就我的看法，我勸您和A小姐結婚，但究竟選擇A、B那一位，還在您自己的抉擇，我不便干涉。」

其後，我再也沒有這位青年的任何消息。不過，據筆者所得的側面消息，據說他已經榮調到高雄支店任職。

62 ䷽ 反背相向的兩人（雷山小過）

卦辭：小過，亨，利貞，可小事，不可大事。飛鳥遺之音，不宜，宜下，大吉。

所謂「過酷」，就是過度嚴峻，「過剩」就是行事過度，而「過食」則是吃喝過多，這些全都是超越限度的言詞表現。小過則是稍爲過份的意思。因此在日常生活方面，與其採取高傲的態度，不如秉守謙遜的德性。謹慎小心幾近奉承地尊敬對方，已過約會時間才匆匆忙忙地趕到，偶爾又被說成是吝嗇般地節約，這些都是過與不及的狀態。

此卦顯示踰越常軌的行動，而遭致災害，所以也是空想獲得遠在自己能力以外的東西，或和勢不均力不致的敵手競爭，而產生破綻敗陣下來的時期。古人將此卦形容爲「門前有兵」之象

，常採取逃避的對策。

目前您已是喪失適當機運的時候，在事業方面也常犯下過失，原本熱切相愛的情侶，而今則已呈反目相向的狀態。這是由於彼此過度地自我主張所造成的後果。夫妻生活，更是因生活和家庭問題的諸多煩惱，而成反背相向。從卦形上也可了解，這是精神上無法融合的狀態，也是貌離神合之象。

❀

岸信介內閣時代，正當日本社會黨內部四分五裂的時期，曾有人託筆者卜卦西尾末廣氏今後在日本社會黨的地位如何。當時的西尾，在社會黨內的地位，可說是相當微妙。

卜出結果是「雷山小過」。

「這是彼此反目相向的含義。可見黨內的勢力區分成兩派而引起磨擦的時期。他目前無法長久待在社會黨內，或許今年內即將脫離社會黨而去吧！」

「這麼說的話，西尾末廣氏是否有意再組新黨呢？」

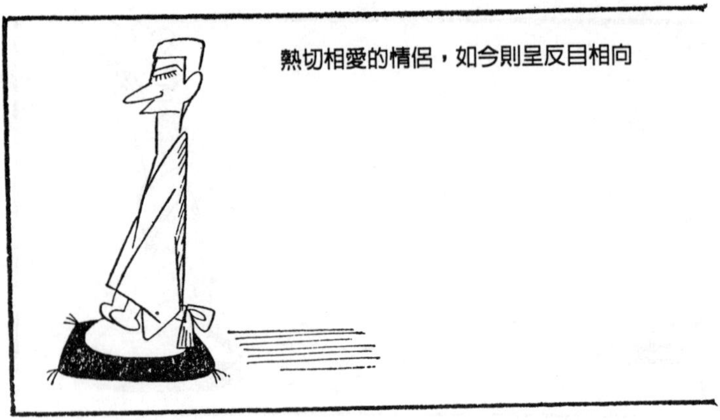

筆者再爲是否結新黨而占，結果出現的是「火天大有」。「所謂火天大有，是指天上輝煌燦爛的火光，也是高舉着團隊標語牌的意思。我相信一定會充滿希望地，再次爲自己開拓一條屬於自己的光明大道。」

結果西尾末廣果眞在當年的年底脫黨，翌年的二月自創新黨。而當時筆者占卜是在九月二十三日。但其後新成立的民社黨之勢力，所以無法順利進展，就是由於新黨的結成，行動上稍嫌過於踰越常規吧！

63 ䷾ 功成名就的人（水火旣濟）

卦辭：旣濟，亨，小利貞，初吉終亂。

所謂旣濟，是早已成功、凡事協調齊備的意思。萬事調合，只待以後的整頓卽可。因此，只能堅守現狀，不可企盼較目前重大的作爲。只是在平穩無事的時期中，心情特別容易鬆懈，結果因疏忽大意而產生了意料不到的過錯，本已安排妥當的事物，後來却毛病叢生，因此一定得十分謹愼才行。

從卦形亦可看出，水火旣濟一卦，陰陽相當均衡，協調一致，卦形最爲完整。因此旣濟卦，可以說是易經六十四卦裏，卦形最完美最齊整的卦。但是世間萬物不斷循環、生生不息，世上並沒有永恒保持完美的事物存在。卽使想要單純地維持現狀，也必需付出相當的辛勞和努力，所謂「守成不易」，其道理也就在此。

本卦是終於功成名就的卦象，但也不能過於持成而驕，對着手新計劃，或冀求遠超自己能力所及的野心，都在禁止之列。

婚姻能樂見其成，夫妻間感情水乳交融。但想永遠維持幸福美滿的生活，彼此仍需相敬如賓，要有「同舟共濟」的精神。因爲陰陽立場彼此相輔，所以夫妻雙方，在質與表上，都是天造地設的一對，但在意欲維持現狀方面，也並非能夠完全稱心如意，還是得多下功夫努力守成，這一點須多加留意。

現實生活上，彼此間雖想到滿足，但偶爾也是有不滿的情緒出現，這是由於男女雙方都相當聰明的緣故，男性有思考的聰敏，女性則有觀察的智慧。卽使當丈夫的想撒個謊打打牌或在外逢場做戲一番，仍然逃不過太太的慧眼。男女雙方都是智高一等的聰慧之士，是以夫妻間可得運用最高等的戰術來一較長短。

情侶或未婚者的場合，也勿需再多做說明了呢，既然是一切都準備齊全，水火既濟的話，那麼你們還在猶豫些什麼呢？還是早日「成家」、「立業」吧！

64 ䷿ 海上的朝陽（火水未濟）

卦辭：未濟、亨，小狐汔濟、濡其尾、无攸利。

所謂「未濟」，是直到目前尚未完成的意思。本卦和前一卦「既濟」卦形相反，雖然同樣是陰陽相應而均衡一致，但是其位置却完全相反，表示立場不穩。但如果今後奮發努力向上的話，其進步仍然是可期待的。因此序卦傳上說：「物不可窮也，故受之以未濟終焉。」水火既濟是一切都已完成、齊備，但世上萬物不可能就此終止，永遠停在現狀，必須繼續變化發展，因此既濟之後歸以未濟。

由於時運不濟、天不假時，故無法獲得充份的立場，直到運氣來臨之前，凡事不可過於勉強。而雖然立場不穩，至少陰陽仍互相協調一致，所以或多或少，仍還有可資挽救的綫索，不可因此而悲觀絕望。

更由於先天上的實力不足，所以也不能對事物過於樂觀，或甚至心存僥倖之念。

這種情況下，無疑的心情會很浮躁，不過就像黎明前一刻的黑暗，永遠使人覺得相當長久、苦悶一樣，如能放鬆心胸，小歇片刻，那麼一覺醒來，正是日上三竿，陽光普照的艷陽天了。

最初無論碰到什麼事，總有不稱心如意之感，只要辛勤地做好準備工作，凡事還是大有可爲的。同時，別忘了在待人接物方面，應力求圓滑、完善，如此才能使自己站得住脚。在適當的場所，謹愼地表現自己，使他人能夠認知，並接受自己爲原則。

婚姻方面，剛開始時，似乎沒啥希望，但隨着彼此的接觸頻繁，終究還是能夠相互理解，最後總是會步入禮堂的。

從卦象上陰陽互相顚倒來看，您本想娶個老婆過門，但女方却更希望男方能夠入贅，可說在行事上一切都完全逆轉了。

易經上也說：「未濟，男子之窮。」可見在此卦象的家庭內，大概都是太太當家發號施令的居多，當先生的只能唯唯諾諾，大氣都不敢吭一聲吧！

不過，也有不少是太太陪嫁豐富且私房錢堆滿屋宇，或夫妻都在外工作，而太太的薪水却比先生還多，或是先生失業，靠太太養家活口的例子，也常在本卦出現。

在此卦裏，婦女幾乎全是宿命性地非站在主導男方的立場不可，婚後掌握一切大權，且和娘家有深厚的關係存在。因此，您的先生，大部份來說，就像娘家的養子。

總括本卦來看，整體上含有年輕的意味在內，由此可以引申爲運勢上的伸展。同時陰陽兩方勢均力敵，對所有事物，皆能順利而成。請您認淸目標，以最大的努力和熱忱去爭取吧！

從一般性的運勢上來說，未濟之形，相當於海上的朝日，正從水面漸漸地昇起。雖然晨曦並不見得多麼強烈，但希望仍是愈來愈旺盛的。晨曦上昇之後，大地愈來愈光明，萬物在陽光底下開始活躍。以另一種眼光來看，就像海龍王的寶船，正從水天相接之際，緩緩駛進眼前。但是請注意，能否安然渡過人生的波濤，而將這艘滿載希望和財富的寶船，順利地駛進碼頭靠岸御寶，這就端看個人的誠意和努力。

易經六十四卦，不把事物完成的形象「旣濟」置於最後，而用未完成的象徵「未濟」來當做終結，從這兒我們不得不對古聖先賢的叡智讚嘆有加。

人出生、受苦、榮耀、成名、立業、而至死亡，人來人往，一代續接一代，在無數人的喜怒哀樂之間，人生的步調不停地運轉着。

「如同我的戀情永無休止一般，這首曲子也永無完結的一天。」

這是樂聖舒伯特，在其曠世名作「未完成交響曲」的最後所寫下的一段話，也許我們更可以說「如同人生永無休止一般，易經同樣也是無窮無盡。」遠在西元前一千多年就由中國人創造發明的易經，歷數千年後，仍能絲毫不爽地運用在現代生活中，易經不也是擁有非凡的生命力和永遠解不開的神秘性嗎？

「變易」、「不易」的原則，永生不滅、森羅萬象啊！依然在無窮無盡的永恒中，不斷地演進變化。

大展出版社有限公司 圖書目錄

地址：台北市北投區(石牌)
致遠一路二段 12 巷 1 號
郵撥：0166955～1

電話：(02)28236031
28236033
傳真：(02)28272069

・法律專欄連載・電腦編號 58

台大法學院　法律學系／策劃
法律服務社／編著

1. 別讓您的權利睡著了①		200 元
2. 別讓您的權利睡著了②		200 元

・秘傳占卜系列・電腦編號 14

1. 手相術	淺野八郎著	180 元
2. 人相術	淺野八郎著	180 元
3. 西洋占星術	淺野八郎著	180 元
4. 中國神奇占卜	淺野八郎著	150 元
5. 夢判斷	淺野八郎著	150 元
6. 前世、來世占卜	淺野八郎著	150 元
7. 法國式血型學	淺野八郎著	150 元
8. 靈感、符咒學	淺野八郎著	150 元
9. 紙牌占卜學	淺野八郎著	150 元
10. ESP 超能力占卜	淺野八郎著	150 元
11. 猶太數的秘術	淺野八郎著	150 元
12. 新心理測驗	淺野八郎著	160 元
13. 塔羅牌預言秘法	淺野八郎著	200 元

・趣味心理講座・電腦編號 15

1. 性格測驗① 探索男與女	淺野八郎著	140 元
2. 性格測驗② 透視人心奧秘	淺野八郎著	140 元
3. 性格測驗③ 發現陌生的自己	淺野八郎著	140 元
4. 性格測驗④ 發現你的真面目	淺野八郎著	140 元
5. 性格測驗⑤ 讓你們吃驚	淺野八郎著	140 元
6. 性格測驗⑥ 洞穿心理盲點	淺野八郎著	140 元
7. 性格測驗⑦ 探索對方心理	淺野八郎著	140 元
8. 性格測驗⑧ 由吃認識自己	淺野八郎著	160 元
9. 性格測驗⑨ 戀愛知多少	淺野八郎著	160 元
10. 性格測驗⑩ 由裝扮瞭解人心	淺野八郎著	160 元

11. 性格測驗⑪ 敲開內心玄機 淺野八郎著 140元
12. 性格測驗⑫ 透視你的未來 淺野八郎著 160元
13. 血型與你的一生 淺野八郎著 160元
14. 趣味推理遊戲 淺野八郎著 160元
15. 行為語言解析 淺野八郎著 160元

・婦 幼 天 地・電腦編號 16

1. 八萬人減肥成果 黃靜香譯 180元
2. 三分鐘減肥體操 楊鴻儒譯 150元
3. 窈窕淑女美髮秘訣 柯素娥譯 130元
4. 使妳更迷人 成 玉譯 130元
5. 女性的更年期 官舒妍編譯 160元
6. 胎內育兒法 李玉瓊編譯 150元
7. 早產兒袋鼠式護理 唐岱蘭譯 200元
8. 初次懷孕與生產 婦幼天地編譯組 180元
9. 初次育兒 12 個月 婦幼天地編譯組 180元
10. 斷乳食與幼兒食 婦幼天地編譯組 180元
11. 培養幼兒能力與性向 婦幼天地編譯組 180元
12. 培養幼兒創造力的玩具與遊戲 婦幼天地編譯組 180元
13. 幼兒的症狀與疾病 婦幼天地編譯組 180元
14. 腿部苗條健美法 婦幼天地編譯組 180元
15. 女性腰痛別忽視 婦幼天地編譯組 150元
16. 舒展身心體操術 李玉瓊編譯 130元
17. 三分鐘臉部體操 趙薇妮著 160元
18. 生動的笑容表情術 趙薇妮著 160元
19. 心曠神怡減肥法 川津祐介著 130元
20. 內衣使妳更美麗 陳玄茹譯 130元
21. 瑜伽美姿美容 黃靜香編著 180元
22. 高雅女性裝扮學 陳珮玲譯 180元
23. 蠶糞肌膚美顏法 坂梨秀子著 160元
24. 認識妳的身體 李玉瓊譯 160元
25. 產後恢復苗條體態 居理安・芙萊喬著 200元
26. 正確護髮美容法 山崎伊久江著 180元
27. 安琪拉美姿養生學 安琪拉蘭斯博瑞著 180元
28. 女體性醫學剖析 增田豐著 220元
29. 懷孕與生產剖析 岡部綾子著 180元
30. 斷奶後的健康育兒 東城百合子著 220元
31. 引出孩子幹勁的責罵藝術 多湖輝著 170元
32. 培養孩子獨立的藝術 多湖輝著 170元
33. 子宮肌瘤與卵巢囊腫 陳秀琳編著 180元
34. 下半身減肥法 納他夏・史達賓著 180元
35. 女性自然美容法 吳雅菁編著 180元
36. 再也不發胖 池園悅太郎著 170元

37. 生男生女控制術	中垣勝裕著	220 元
38. 使妳的肌膚更亮麗	楊　皓編著	170 元
39. 臉部輪廓變美	芝崎義夫著	180 元
40. 斑點、皺紋自己治療	高須克彌著	180 元
41. 面皰自己治療	伊藤雄康著	180 元
42. 隨心所欲痩身冥想法	原久子著	180 元
43. 胎兒革命	鈴木丈織著	180 元
44. NS 磁氣平衡法塑造窈窕奇蹟	古屋和江著	180 元
45. 享痩從腳開始	山田陽子著	180 元
46. 小改變痩 4 公斤	宮本裕子著	180 元
47. 軟管減肥痩身	高橋輝男著	180 元
48. 海藻精神秘美容法	劉名揚編著	180 元
49. 肌膚保養與脫毛	鈴木真理著	180 元
50. 10 天減肥 3 公斤	彤雲編輯組	180 元
51. 穿出自己的品味	西村玲子著	280 元

・青 春 天 地・電腦編號 17

1. A 血型與星座	柯素娥編譯	160 元
2. B 血型與星座	柯素娥編譯	160 元
3. O 血型與星座	柯素娥編譯	160 元
4. AB 血型與星座	柯素娥編譯	120 元
5. 青春期性教室	呂貴嵐編譯	130 元
6. 事半功倍讀書法	王毅希編譯	150 元
7. 難解數學破題	宋釗宜編譯	130 元
9. 小論文寫作秘訣	林顯茂編譯	120 元
11. 中學生野外遊戲	熊谷康編著	120 元
12. 恐怖極短篇	柯素娥編譯	130 元
13. 恐怖夜話	小毛驢編譯	130 元
14. 恐怖幽默短篇	小毛驢編譯	120 元
15. 黑色幽默短篇	小毛驢編譯	120 元
16. 靈異怪談	小毛驢編譯	130 元
17. 錯覺遊戲	小毛驢編著	130 元
18. 整人遊戲	小毛驢編著	150 元
19. 有趣的超常識	柯素娥編譯	130 元
20. 哦！原來如此	林慶旺編譯	130 元
21. 趣味競賽 100 種	劉名揚編譯	120 元
22. 數學謎題入門	宋釗宜編譯	150 元
23. 數學謎題解析	宋釗宜編譯	150 元
24. 透視男女心理	林慶旺編譯	120 元
25. 少女情懷的自白	李桂蘭編譯	120 元
26. 由兄弟姊妹看命運	李玉瓊編譯	130 元
27. 趣味的科學魔術	林慶旺編譯	150 元
28. 趣味的心理實驗室	李燕玲編譯	150 元

29. 愛與性心理測驗	小毛驢編譯	130元
30. 刑案推理解謎	小毛驢編譯	180元
31. 偵探常識推理	小毛驢編譯	180元
32. 偵探常識解謎	小毛驢編譯	130元
33. 偵探推理遊戲	小毛驢編譯	130元
34. 趣味的超魔術	廖玉山編著	150元
35. 趣味的珍奇發明	柯素娥編著	150元
36. 登山用具與技巧	陳瑞菊編著	150元
37. 性的漫談	蘇燕謀編著	180元
38. 無的漫談	蘇燕謀編著	180元
39. 黑色漫談	蘇燕謀編著	180元
40. 白色漫談	蘇燕謀編著	180元

・健康天地・電腦編號 18

1. 壓力的預防與治療	柯素娥編譯	130元
2. 超科學氣的魔力	柯素娥編譯	130元
3. 尿療法治病的神奇	中尾良一著	130元
4. 鐵證如山的尿療法奇蹟	廖玉山譯	120元
5. 一日斷食健康法	葉慈容編譯	150元
6. 胃部強健法	陳炳崑譯	120元
7. 癌症早期檢查法	廖松濤譯	160元
8. 老人痴呆症防止法	柯素娥編譯	130元
9. 松葉汁健康飲料	陳麗芬編譯	130元
10. 揉肚臍健康法	永井秋夫著	150元
11. 過勞死、猝死的預防	卓秀貞編譯	130元
12. 高血壓治療與飲食	藤山順豐著	150元
13. 老人看護指南	柯素娥編譯	150元
14. 美容外科淺談	楊啟宏著	150元
15. 美容外科新境界	楊啟宏著	150元
16. 鹽是天然的醫生	西英司郎著	140元
17. 年輕十歲不是夢	梁瑞麟譯	200元
18. 茶料理治百病	桑野和民著	180元
19. 綠茶治病寶典	桑野和民著	150元
20. 杜仲茶養顏減肥法	西田博著	150元
21. 蜂膠驚人療效	瀨長良三郎著	180元
22. 蜂膠治百病	瀨長良三郎著	180元
23. 醫藥與生活(一)	鄭炳全著	180元
24. 鈣長生寶典	落合敏著	180元
25. 大蒜長生寶典	木下繁太郎著	160元
26. 居家自我健康檢查	石川恭三著	160元
27. 永恆的健康人生	李秀鈴譯	200元
28. 大豆卵磷脂長生寶典	劉雪卿譯	150元
29. 芳香療法	梁艾琳譯	160元

30. 醋長生寶典	柯素娥譯	180 元
31. 從星座透視健康	席拉・吉蒂斯著	180 元
32. 愉悅自在保健學	野本二士夫著	160 元
33. 裸睡健康法	丸山淳士等著	160 元
34. 糖尿病預防與治療	藤田順豐著	180 元
35. 維他命長生寶典	菅原明子著	180 元
36. 維他命 C 新效果	鐘文訓編	150 元
37. 手、腳病理按摩	堤芳朗著	160 元
38. AIDS 瞭解與預防	彼得塔歇爾著	180 元
39. 甲殼質殼聚糖健康法	沈永嘉譯	160 元
40. 神經痛預防與治療	木下真男著	160 元
41. 室內身體鍛鍊法	陳炳崑編著	160 元
42. 吃出健康藥膳	劉大器編著	180 元
43. 自我指壓術	蘇燕謀編著	160 元
44. 紅蘿蔔汁斷食療法	李玉瓊編著	150 元
45. 洗心術健康秘法	竺翠萍編譯	170 元
46. 枇杷葉健康療法	柯素娥編譯	180 元
47. 抗衰血癒	楊啟宏著	180 元
48. 與癌搏鬥記	逸見政孝著	180 元
49. 冬蟲夏草長生寶典	高橋義博著	170 元
50. 痔瘡・大腸疾病先端療法	宮島伸宜著	180 元
51. 膠布治癒頑固慢性病	加瀨建造著	180 元
52. 芝麻神奇健康法	小林貞作著	170 元
53. 香煙能防止癡呆？	高田明和著	180 元
54. 穀菜食治癌療法	佐藤成志著	180 元
55. 貼藥健康法	松原英多著	180 元
56. 克服癌症調和道呼吸法	帶津良一著	180 元
57. B 型肝炎預防與治療	野村喜重郎著	180 元
58. 青春永駐養生導引術	早島正雄著	180 元
59. 改變呼吸法創造健康	原久子著	180 元
60. 荷爾蒙平衡養生秘訣	出村博著	180 元
61. 水美肌健康法	井戶勝富著	170 元
62. 認識食物掌握健康	廖梅珠編著	170 元
63. 痛風劇痛消除法	鈴木吉彥著	180 元
64. 酸莖菌驚人療效	上田明彥著	180 元
65. 大豆卵磷脂治現代病	神津健一著	200 元
66. 時辰療法—危險時刻凌晨 4 時	呂建強等著	180 元
67. 自然治癒力提升法	帶津良一著	180 元
68. 巧妙的氣保健法	藤平墨子著	180 元
69. 治癒 C 型肝炎	熊田博光著	180 元
70. 肝臟病預防與治療	劉名揚編著	180 元
71. 腰痛平衡療法	荒井政信著	180 元
72. 根治多汗症、狐臭	稻葉益巳著	220 元
73. 40 歲以後的骨質疏鬆症	沈永嘉譯	180 元

74. 認識中藥	松下一成著	180 元
75. 認識氣的科學	佐佐木茂美著	180 元
76. 我戰勝了癌症	安田伸著	180 元
77. 斑點是身心的危險信號	中野進著	180 元
78. 艾波拉病毒大震撼	玉川重德著	180 元
79. 重新還我黑髮	桑名隆一郎著	180 元
80. 身體節律與健康	林博史著	180 元
81. 生薑治萬病	石原結實著	180 元
82. 靈芝治百病	陳瑞東著	180 元
83. 木炭驚人的威力	大槻彰著	200 元
84. 認識活性氧	井土貴司著	180 元
85. 深海鮫治百病	廖玉山編著	180 元
86. 神奇的蜂王乳	井上丹治著	180 元
87. 卡拉 OK 健腦法	東潔著	180 元
88. 卡拉 OK 健康法	福田伴男著	180 元
89. 醫藥與生活(二)	鄭炳全著	200 元
90. 洋蔥治百病	宮尾興平著	180 元
91. 年輕 10 歲快步健康法	石塚忠雄著	180 元
92. 石榴的驚人神效	岡本順子著	180 元
93. 飲料健康法	白鳥早奈英著	180 元
94. 健康棒體操	劉名揚編譯	180 元
95. 催眠健康法	蕭京凌編著	180 元
96. 鬱金（美王）治百病	水野修一著	180 元

・實用女性學講座・電腦編號 19

1. 解讀女性內心世界	島田一男著	150 元
2. 塑造成熟的女性	島田一男著	150 元
3. 女性整體裝扮學	黃靜香編著	180 元
4. 女性應對禮儀	黃靜香編著	180 元
5. 女性婚前必修	小野十傳著	200 元
6. 徹底瞭解女人	田口二州著	180 元
7. 拆穿女性謊言 88 招	島田一男著	200 元
8. 解讀女人心	島田一男著	200 元
9. 俘獲女性絕招	志賀貢著	200 元
10. 愛情的壓力解套	中村理英子著	200 元
11. 妳是人見人愛的女孩	廖松濤編著	200 元

・校園系列・電腦編號 20

1. 讀書集中術	多湖輝著	150 元
2. 應考的訣竅	多湖輝著	150 元
3. 輕鬆讀書贏得聯考	多湖輝著	150 元

4. 讀書記憶秘訣	多湖輝著	150元
5. 視力恢復！超速讀術	江錦雲譯	180元
6. 讀書 36 計	黃柏松編著	180元
7. 驚人的速讀術	鐘文訓編著	170元
8. 學生課業輔導良方	多湖輝著	180元
9. 超速讀超記憶法	廖松濤編著	180元
10. 速算解題技巧	宋釗宜編著	200元
11. 看圖學英文	陳炳崑編著	200元
12. 讓孩子最喜歡數學	沈永嘉譯	180元
13. 催眠記憶術	林碧清譯	180元
14. 催眠速讀術	林碧清譯	180元

・實用心理學講座・電腦編號 21

1. 拆穿欺騙伎倆	多湖輝著	140元
2. 創造好構想	多湖輝著	140元
3. 面對面心理術	多湖輝著	160元
4. 偽裝心理術	多湖輝著	140元
5. 透視人性弱點	多湖輝著	140元
6. 自我表現術	多湖輝著	180元
7. 不可思議的人性心理	多湖輝著	180元
8. 催眠術入門	多湖輝著	150元
9. 責罵部屬的藝術	多湖輝著	150元
10. 精神力	多湖輝著	150元
11. 厚黑說服術	多湖輝著	150元
12. 集中力	多湖輝著	150元
13. 構想力	多湖輝著	150元
14. 深層心理術	多湖輝著	160元
15. 深層語言術	多湖輝著	160元
16. 深層說服術	多湖輝著	180元
17. 掌握潛在心理	多湖輝著	160元
18. 洞悉心理陷阱	多湖輝著	180元
19. 解讀金錢心理	多湖輝著	180元
20. 拆穿語言圈套	多湖輝著	180元
21. 語言的內心玄機	多湖輝著	180元
22. 積極力	多湖輝著	180元

・超現實心理講座・電腦編號 22

1. 超意識覺醒法	詹蔚芬編譯	130元
2. 護摩秘法與人生	劉名揚編譯	130元
3. 秘法！超級仙術入門	陸明譯	150元
4. 給地球人的訊息	柯素娥編著	150元

5. 祕教的神通力	劉名揚編著	130元
6. 神秘奇妙的世界	平川陽一著	200元
7. 地球文明的超革命	吳秋嬌譯	200元
8. 力量石的秘密	吳秋嬌譯	180元
9. 超能力的靈異世界	馬小莉譯	200元
10. 逃離地球毀滅的命運	吳秋嬌譯	200元
11. 宇宙與地球終結之謎	南山宏著	200元
12. 驚世奇功揭秘	傅起鳳著	200元
13. 啟發身心潛力心象訓練法	栗田昌裕著	180元
14. 仙道術遁甲法	高藤聰一郎著	220元
15. 神通力的秘密	中岡俊哉著	180元
16. 仙人成仙術	高藤聰一郎著	200元
17. 仙道符咒氣功法	高藤聰一郎著	220元
18. 仙道風水術尋龍法	高藤聰一郎著	200元
19. 仙道奇蹟超幻像	高藤聰一郎著	200元
20. 仙道鍊金術房中法	高藤聰一郎著	200元
21. 奇蹟超醫療治癒難病	深野一幸著	220元
22. 揭開月球的神秘力量	超科學研究會	180元
23. 西藏密教奧義	高藤聰一郎著	250元
24. 改變你的夢術入門	高藤聰一郎著	250元
25. 21世紀拯救地球超技術	深野一幸著	250元

・養生保健・電腦編號23

1. 醫療養生氣功	黃孝寬著	250元
2. 中國氣功圖譜	余功保著	230元
3. 少林醫療氣功精粹	井玉蘭著	250元
4. 龍形實用氣功	吳大才等著	220元
5. 魚戲增視強身氣功	宮　嬰著	220元
6. 嚴新氣功	前新培金著	250元
7. 道家玄牝氣功	張　章著	200元
8. 仙家秘傳袪病功	李遠國著	160元
9. 少林十大健身功	秦慶豐著	180元
10. 中國自控氣功	張明武著	250元
11. 醫療防癌氣功	黃孝寬著	250元
12. 醫療強身氣功	黃孝寬著	250元
13. 醫療點穴氣功	黃孝寬著	250元
14. 中國八卦如意功	趙維漢著	180元
15. 正宗馬禮堂養氣功	馬禮堂著	420元
16. 秘傳道家筋經內丹功	王慶餘著	280元
17. 三元開慧功	辛桂林著	250元
18. 防癌治癌新氣功	郭　林著	180元
19. 禪定與佛家氣功修煉	劉天君著	200元
20. 顛倒之術	梅自強著	360元

21. 簡明氣功辭典	吳家駿編	360 元
22. 八卦三合功	張全亮著	230 元
23. 朱砂掌健身養生功	楊永著	250 元
24. 抗老功	陳九鶴著	230 元
25. 意氣按穴排濁自療法	黃啟運編著	250 元
26. 陳式太極拳養生功	陳正雷著	200 元
27. 健身祛病小功法	王培生著	200 元
28. 張式太極混元功	張春銘著	250 元

・社會人智囊・電腦編號 24

1. 糾紛談判術	清水增三著	160 元
2. 創造關鍵術	淺野八郎著	150 元
3. 觀人術	淺野八郎著	180 元
4. 應急詭辯術	廖英迪編著	160 元
5. 天才家學習術	木原武一著	160 元
6. 貓型狗式鑑人術	淺野八郎著	180 元
7. 逆轉運掌握術	淺野八郎著	180 元
8. 人際圓融術	澀谷昌三著	160 元
9. 解讀人心術	淺野八郎著	180 元
10. 與上司水乳交融術	秋元隆司著	180 元
11. 男女心態定律	小田晉著	180 元
12. 幽默說話術	林振輝編著	200 元
13. 人能信賴幾分	淺野八郎著	180 元
14. 我一定能成功	李玉瓊譯	180 元
15. 獻給青年的嘉言	陳蒼杰譯	180 元
16. 知人、知面、知其心	林振輝編著	180 元
17. 塑造堅強的個性	坂上肇著	180 元
18. 為自己而活	佐藤綾子著	180 元
19. 未來十年與愉快生活有約	船井幸雄著	180 元
20. 超級銷售話術	杜秀卿譯	180 元
21. 感性培育術	黃靜香編著	180 元
22. 公司新鮮人的禮儀規範	蔡媛惠譯	180 元
23. 傑出職員鍛鍊術	佐佐木正著	180 元
24. 面談獲勝戰略	李芳黛譯	180 元
25. 金玉良言撼人心	森純大著	180 元
26. 男女幽默趣典	劉華亭編著	180 元
27. 機智說話術	劉華亭編著	180 元
28. 心理諮商室	柯素娥譯	180 元
29. 如何在公司崢嶸頭角	佐佐木正著	180 元
30. 機智應對術	李玉瓊編著	200 元
31. 克服低潮良方	坂野雄二著	180 元
32. 智慧型說話技巧	沈永嘉編著	180 元
33. 記憶力、集中力增進術	廖松濤編著	180 元

34. 女職員培育術	林慶旺編著	180 元
35. 自我介紹與社交禮儀	柯素娥編著	180 元
36. 積極生活創幸福	田中真澄著	180 元
37. 妙點子超構想	多湖輝著	180 元
38. 說 NO 的技巧	廖玉山編著	180 元
39. 一流說服力	李玉瓊編著	180 元
40. 般若心經成功哲學	陳鴻蘭編著	180 元
41. 訪問推銷術	黃靜香編著	180 元
42. 男性成功秘訣	陳蒼杰編著	180 元
43. 笑容、人際智商	宮川澄子著	180 元
44. 多湖輝的構想工作室	多湖輝著	200 元
45. 名人名語啟示錄	喬家楓著	180 元
46. 口才必勝術	黃柏松編著	220 元
47. 能言善道的說話術	章智冠編著	180 元

・精 選 系 列・電腦編號 25

1. 毛澤東與鄧小平	渡邊利夫等著	280 元
2. 中國大崩裂	江戶介雄著	180 元
3. 台灣・亞洲奇蹟	上村幸治著	220 元
4. 7-ELEVEN 高盈收策略	國友隆一著	180 元
5. 台灣獨立（新・中國日本戰爭一）	森詠著	200 元
6. 迷失中國的末路	江戶雄介著	220 元
7. 2000 年 5 月全世界毀滅	紫藤甲子男著	180 元
8. 失去鄧小平的中國	小島朋之著	220 元
9. 世界史爭議性異人傳	桐生操著	200 元
10. 淨化心靈享人生	松濤弘道著	220 元
11. 人生心情診斷	賴藤和寬著	220 元
12. 中美大決戰	檜山良昭著	220 元
13. 黃昏帝國美國	莊雯琳譯	220 元
14. 兩岸衝突（新・中國日本戰爭二）	森詠著	220 元
15. 封鎖台灣（新・中國日本戰爭三）	森詠著	220 元
16. 中國分裂（新・中國日本戰爭四）	森詠著	220 元
17. 由女變男的我	虎井正衛著	200 元
18. 佛學的安心立命	松濤弘道著	220 元
19. 世界喪禮大觀	松濤弘道著	280 元

・運 動 遊 戲・電腦編號 26

1. 雙人運動	李玉瓊譯	160 元
2. 愉快的跳繩運動	廖玉山譯	180 元
3. 運動會項目精選	王佑京譯	150 元
4. 肋木運動	廖玉山譯	150 元

5. 測力運動	王佑宗譯	150元
6. 游泳入門	唐桂萍編著	200元

・休閒娛樂・電腦編號27

1. 海水魚飼養法	田中智浩著	300元
2. 金魚飼養法	曾雪玫譯	250元
3. 熱門海水魚	毛利匡明著	480元
4. 愛犬的教養與訓練	池田好雄著	250元
5. 狗教養與疾病	杉浦哲著	220元
6. 小動物養育技巧	三上昇著	300元
7. 水草選擇、培育、消遣	安齊裕司著	300元
20. 園藝植物管理	船越亮二著	220元
40. 撲克牌遊戲與贏牌秘訣	林振輝編著	180元
41. 撲克牌魔術、算命、遊戲	林振輝編著	180元
42. 撲克占卜入門	王家成編著	180元
50. 兩性幽默	幽默選集編輯組	180元
51. 異色幽默	幽默選集編輯組	180元

・銀髮族智慧學・電腦編號28

1. 銀髮六十樂逍遙	多湖輝著	170元
2. 人生六十反年輕	多湖輝著	170元
3. 六十歲的決斷	多湖輝著	170元
4. 銀髮族健身指南	孫瑞台編著	250元
5. 退休後的夫妻健康生活	施聖茹譯	200元

・飲食保健・電腦編號29

1. 自己製作健康茶	大海淳著	220元
2. 好吃、具藥效茶料理	德永睦子著	220元
3. 改善慢性病健康藥草茶	吳秋嬌譯	200元
4. 藥酒與健康果菜汁	成玉編著	250元
5. 家庭保健養生湯	馬汴梁編著	220元
6. 降低膽固醇的飲食	早川和志著	200元
7. 女性癌症的飲食	女子營養大學	280元
8. 痛風者的飲食	女子營養大學	280元
9. 貧血者的飲食	女子營養大學	280元
10. 高脂血症者的飲食	女子營養大學	280元
11. 男性癌症的飲食	女子營養大學	280元
12. 過敏者的飲食	女子營養大學	280元
13. 心臟病的飲食	女子營養大學	280元
14. 滋陰壯陽的飲食	王增著	220元

15. 胃、十二指腸潰瘍的飲食	勝健一等著	280 元
16. 肥胖者的飲食	雨宮禎子等著	280 元

・家庭醫學保健・電腦編號 30

1. 女性醫學大全	雨森良彥著	380 元
2. 初為人父育兒寶典	小瀧周曹著	220 元
3. 性活力強健法	相建華著	220 元
4. 30 歲以上的懷孕與生產	李芳黛編著	220 元
5. 舒適的女性更年期	野末悅子著	200 元
6. 夫妻前戲的技巧	笠井寬司著	200 元
7. 病理足穴按摩	金慧明著	220 元
8. 爸爸的更年期	河野孝旺著	200 元
9. 橡皮帶健康法	山田晶著	180 元
10. 三十三天健美減肥	相建華等著	180 元
11. 男性健美入門	孫玉祿編著	180 元
12. 強化肝臟秘訣	主婦の友社編	200 元
13. 了解藥物副作用	張果馨譯	200 元
14. 女性醫學小百科	松山榮吉著	200 元
15. 左轉健康法	龜田修等著	200 元
16. 實用天然藥物	鄭炳全編著	260 元
17. 神秘無痛平衡療法	林宗駛著	180 元
18. 膝蓋健康法	張果馨譯	180 元
19. 針灸治百病	葛書翰著	250 元
20. 異位性皮膚炎治癒法	吳秋嬌譯	220 元
21. 禿髮白髮預防與治療	陳炳崑編著	180 元
22. 埃及皇宮菜健康法	飯森薰著	200 元
23. 肝臟病安心治療	上野幸久著	220 元
24. 耳穴治百病	陳抗美等著	250 元
25. 高效果指壓法	五十嵐康彥著	200 元
26. 瘦水、胖水	鈴木園子著	200 元
27. 手針新療法	朱振華著	200 元
28. 香港腳預防與治療	劉小惠譯	250 元
29. 智慧飲食吃出健康	柯富陽編著	200 元
30. 牙齒保健法	廖玉山編著	200 元
31. 恢復元氣養生食	張果馨譯	200 元
32. 特效推拿按摩術	李玉田著	200 元
33. 一週一次健康法	若狹真著	200 元
34. 家常科學膳食	大塚滋著	220 元
35. 夫妻們關心的男性不孕	原利夫著	220 元
36. 自我瘦身美容	馬野詠子著	200 元
37. 魔法姿勢益健康	五十嵐康彥著	200 元
38. 眼病錘療法	馬栩周著	200 元
39. 預防骨質疏鬆症	藤田拓男著	200 元

40. 骨質增生效驗方 李吉茂編著 250元
41. 蕺菜健康法 小林正夫著 200元
42. 赧於啟齒的男性煩惱 增田豐著 220元
43. 簡易自我健康檢查 稻葉允著 250元
44. 實用花草健康法 友田純子著 200元
45. 神奇的手掌療法 日比野喬著 230元
46. 家庭式三大穴道療法 刑部忠和著 200元
47. 子宮癌、卵巢癌 岡島弘幸著 220元
48. 糖尿病機能性食品 劉雪卿編著 220元
49. 奇蹟活現經脈美容法 林振輝編譯 200元
50. Super SEX 秋好憲一著 220元
51. 了解避孕丸 林玉佩譯 200元
52. 有趣的遺傳學 蕭京凌編著 200元
53. 強身健腦手指運動 羅群等著 250元

・超經營新智慧・電腦編號 31

1. 躍動的國家越南 林雅倩譯 250元
2. 甦醒的小龍菲律賓 林雅倩譯 220元
3. 中國的危機與商機 中江要介著 250元
4. 在印度的成功智慧 山內利男著 220元
5. 7-ELEVEN 大革命 村上豐道著 200元
6. 業務員成功秘方 呂育清編著 200元
7. 在亞洲成功的智慧 鈴木讓二著 220元

・親子系列・電腦編號 32

1. 如何使孩子出人頭地 多湖輝著 200元
2. 心靈啟蒙教育 多湖輝著 280元

・雅致系列・電腦編號 33

1. 健康食譜春冬篇 丸元淑生著 200元
2. 健康食譜夏秋篇 丸元淑生著 200元
3. 純正家庭料理 陳建民等著 200元
4. 家庭四川菜 陳建民著 200元
5. 醫食同源健康美食 郭長聚著 200元
6. 家族健康食譜 東畑朝子著 200元

・美術系列・電腦編號 34

1. 可愛插畫集 鉛筆等著 220元
2. 人物插畫集 鉛筆等著 元

·心靈雅集·電腦編號 00

1.	禪言佛語看人生	松濤弘道著	180 元
2.	禪密教的奧秘	葉逯謙譯	120 元
3.	觀音大法力	田口日勝著	120 元
4.	觀音法力的大功德	田口日勝著	120 元
5.	達摩禪 106 智慧	劉華亭編譯	220 元
6.	有趣的佛教研究	葉逯謙編譯	170 元
7.	夢的開運法	蕭京凌譯	130 元
8.	禪學智慧	柯素娥編譯	130 元
9.	女性佛教入門	許俐萍譯	110 元
10.	佛像小百科	心靈雅集編譯組	130 元
11.	佛教小百科趣談	心靈雅集編譯組	120 元
12.	佛教小百科漫談	心靈雅集編譯組	150 元
13.	佛教知識小百科	心靈雅集編譯組	150 元
14.	佛學名言智慧	松濤弘道著	220 元
15.	釋迦名言智慧	松濤弘道著	220 元
16.	活人禪	平田精耕著	120 元
17.	坐禪入門	柯素娥編譯	150 元
18.	現代禪悟	柯素娥編譯	130 元
19.	道元禪師語錄	心靈雅集編譯組	130 元
20.	佛學經典指南	心靈雅集編譯組	130 元
21.	何謂「生」阿含經	心靈雅集編譯組	150 元
22.	一切皆空　般若心經	心靈雅集編譯組	180 元
23.	超越迷惘　法句經	心靈雅集編譯組	130 元
24.	開拓宇宙觀　華嚴經	心靈雅集編譯組	180 元
25.	真實之道　法華經	心靈雅集編譯組	130 元
26.	自由自在　涅槃經	心靈雅集編譯組	130 元
27.	沈默的教示　維摩經	心靈雅集編譯組	150 元
28.	開通心眼　佛語佛戒	心靈雅集編譯組	130 元
29.	揭秘寶庫　密教經典	心靈雅集編譯組	180 元
30.	坐禪與養生	廖松濤譯	110 元
31.	釋尊十戒	柯素娥編譯	120 元
32.	佛法與神通	劉欣如編著	120 元
33.	悟（正法眼藏的世界）	柯素娥編譯	120 元
34.	只管打坐	劉欣如編著	120 元
35.	喬答摩·佛陀傳	劉欣如編著	120 元
36.	唐玄奘留學記	劉欣如編著	120 元
37.	佛教的人生觀	劉欣如編譯	110 元
38.	無門關(上卷)	心靈雅集編譯組	150 元
39.	無門關(下卷)	心靈雅集編譯組	150 元
40.	業的思想	劉欣如編著	130 元
41.	佛法難學嗎	劉欣如著	140 元

42. 佛法實用嗎　劉欣如著　140元
43. 佛法殊勝嗎　劉欣如著　140元
44. 因果報應法則　李常傳編　180元
45. 佛教醫學的奧秘　劉欣如編著　150元
46. 紅塵絕唱　海　若著　130元
47. 佛教生活風情　洪丕謨、姜玉珍著　220元
48. 行住坐臥有佛法　劉欣如著　160元
49. 起心動念是佛法　劉欣如著　160元
50. 四字禪語　曹洞宗青年會　200元
51. 妙法蓮華經　劉欣如編著　160元
52. 根本佛教與大乘佛教　葉作森編　180元
53. 大乘佛經　定方晟著　180元
54. 須彌山與極樂世界　定方晟著　180元
55. 阿闍世的悟道　定方晟著　180元
56. 金剛經的生活智慧　劉欣如著　180元
57. 佛教與儒教　劉欣如編譯　180元
58. 佛教史入門　劉欣如編譯　180元
59. 印度佛教思想史　劉欣如編譯　200元
60. 佛教與女姓　劉欣如編譯　180元
61. 禪與人生　洪丕謨主編　260元

・經營管理・電腦編號 01

◎ 創新經營管理六十六大計(精)　蔡弘文編　780元
1. 如何獲取生意情報　蘇燕謀譯　110元
2. 經濟常識問答　蘇燕謀譯　130元
4. 台灣商戰風雲錄　陳中雄著　120元
5. 推銷大王秘錄　原一平著　180元
6. 新創意・賺大錢　王家成譯　90元
7. 工廠管理新手法　琪　輝著　120元
10. 美國實業 24 小時　柯順隆譯　80元
11. 撼動人心的推銷法　原一平著　150元
12. 高竿經營法　蔡弘文編　120元
13. 如何掌握顧客　柯順隆譯　150元
17. 一流的管理　蔡弘文編　150元
18. 外國人看中韓經濟　劉華亭譯　150元
20. 突破商場人際學　林振輝編著　90元
22. 如何使女人打開錢包　林振輝編著　100元
24. 小公司經營策略　王嘉誠著　160元
25. 成功的會議技巧　鐘文訓編譯　100元
26. 新時代老闆學　黃柏松編著　100元
27. 如何創造商場智囊團　林振輝編譯　150元
28. 十分鐘推銷術　林振輝編譯　180元
29. 五分鐘育才　黃柏松編譯　100元

33. 自我經濟學	廖松濤編譯	100 元
34. 一流的經營	陶田生編著	120 元
35. 女性職員管理術	王昭國編譯	120 元
36. ＩＢＭ的人事管理	鐘文訓編譯	150 元
37. 現代電腦常識	王昭國編譯	150 元
38. 電腦管理的危機	鐘文訓編譯	120 元
39. 如何發揮廣告效果	王昭國編譯	150 元
40. 最新管理技巧	王昭國編譯	150 元
41. 一流推銷術	廖松濤編譯	150 元
42. 包裝與促銷技巧	王昭國編譯	130 元
43. 企業王國指揮塔	松下幸之助著	120 元
44. 企業精銳兵團	松下幸之助著	120 元
45. 企業人事管理	松下幸之助著	100 元
46. 華僑經商致富術	廖松濤編譯	130 元
47. 豐田式銷售技巧	廖松濤編譯	180 元
48. 如何掌握銷售技巧	王昭國編著	130 元
50. 洞燭機先的經營	鐘文訓編譯	150 元
52. 新世紀的服務業	鐘文訓編譯	100 元
53. 成功的領導者	廖松濤編譯	120 元
54. 女推銷員成功術	李玉瓊編譯	130 元
55. ＩＢＭ人才培育術	鐘文訓編譯	100 元
56. 企業人自我突破法	黃琪輝編著	150 元
58. 財富開發術	蔡弘文編著	130 元
59. 成功的店舖設計	鐘文訓編著	150 元
61. 企管回春法	蔡弘文編著	130 元
62. 小企業經營指南	鐘文訓編譯	100 元
63. 商場致勝名言	鐘文訓編譯	150 元
64. 迎接商業新時代	廖松濤編譯	100 元
66. 新手股票投資入門	何朝乾編著	200 元
67. 上揚股與下跌股	何朝乾編譯	180 元
68. 股票速成學	何朝乾編譯	200 元
69. 理財與股票投資策略	黃俊豪編著	180 元
70. 黃金投資策略	黃俊豪編著	180 元
71. 厚黑管理學	廖松濤編譯	180 元
72. 股市致勝格言	呂梅莎編譯	180 元
73. 透視西武集團	林谷燁編譯	150 元
76. 巡迴行銷術	陳蒼杰譯	150 元
77. 推銷的魔術	王嘉誠譯	120 元
78. 60 秒指導部屬	周蓮芬編譯	150 元
79. 精銳女推銷員特訓	李玉瓊編譯	130 元
80. 企劃、提案、報告圖表的技巧	鄭汶譯	180 元
81. 海外不動產投資	許達守編譯	150 元
82. 八百伴的世界策略	李玉瓊譯	150 元
83. 服務業品質管理	吳宜芬譯	180 元

84. 零庫存銷售	黃東謙編譯	150 元
85. 三分鐘推銷管理	劉名揚編譯	150 元
86. 推銷大王奮鬥史	原一平著	150 元
87. 豐田汽車的生產管理	林谷燁編譯	150 元

・成 功 寶 庫・電腦編號 02

1. 上班族交際術	江森滋著	100 元
2. 拍馬屁訣竅	廖玉山編譯	110 元
4. 聽話的藝術	歐陽輝編譯	110 元
9. 求職轉業成功術	陳義編著	110 元
10. 上班族禮儀	廖玉山編著	120 元
11. 接近心理學	李玉瓊編著	100 元
12. 創造自信的新人生	廖松濤編著	120 元
15. 神奇瞬間瞑想法	廖松濤編譯	100 元
16. 人生成功之鑰	楊意苓編著	150 元
19. 給企業人的諍言	鐘文訓編著	120 元
20. 企業家自律訓練法	陳義編譯	100 元
21. 上班族妖怪學	廖松濤編著	100 元
22. 猶太人縱橫世界的奇蹟	孟佑政編著	110 元
25. 你是上班族中強者	嚴思圖編著	100 元
30. 成功頓悟 100 則	蕭京凌編譯	130 元
32. 知性幽默	李玉瓊編譯	130 元
33. 熟記對方絕招	黃靜香編譯	100 元
37. 察言觀色的技巧	劉華亭編著	180 元
38. 一流領導力	施義彥編譯	120 元
40. 30 秒鐘推銷術	廖松濤編譯	150 元
42. 尖端時代行銷策略	陳蒼杰編著	100 元
43. 顧客管理學	廖松濤編著	100 元
44. 如何使對方說 Yes	程羲編著	150 元
47. 上班族口才學	楊鴻儒譯	120 元
48. 上班族新鮮人須知	程羲編著	120 元
49. 如何左右逢源	程羲編著	130 元
50. 語言的心理戰	多湖輝著	130 元
55. 性惡企業管理學	陳蒼杰譯	130 元
56. 自我啟發 200 招	楊鴻儒編著	150 元
57. 做個傑出女職員	劉名揚編著	130 元
58. 靈活的集團營運術	楊鴻儒編著	120 元
60. 個案研究活用法	楊鴻儒編著	130 元
61. 企業教育訓練遊戲	楊鴻儒編著	120 元
62. 管理者的智慧	程義編譯	130 元
63. 做個佼佼管理者	馬筱莉編譯	130 元
67. 活用禪學於企業	柯素娥編譯	130 元
69. 幽默詭辯術	廖玉山編譯	150 元

70. 拿破崙智慧箴言	柯素娥編譯	130元
71. 自我培育・超越	蕭京凌編譯	150元
74. 時間即一切	沈永嘉編譯	130元
75. 自我脫胎換骨	柯素娥譯	150元
76. 贏在起跑點　人才培育鐵則	楊鴻儒編譯	150元
77. 做一枚活棋	李玉瓊編譯	130元
78. 面試成功戰略	柯素娥編譯	130元
81. 瞬間攻破心防法	廖玉山編譯	120元
82. 改變一生的名言	李玉瓊編譯	130元
83. 性格性向創前程	楊鴻儒編譯	130元
84. 訪問行銷新竅門	廖玉山編譯	150元
85. 無所不達的推銷話術	李玉瓊編譯	150元

・處　世　智　慧・電腦編號 03

1. 如何改變你自己	陸明編譯	120元
6. 靈感成功術	譚繼山編譯	80元
8. 扭轉一生的五分鐘	黃柏松編譯	100元
10. 現代人的詭計	林振輝譯	100元
14. 女性的智慧	譚繼山編譯	90元
16. 人生的體驗	陸明編譯	80元
18. 幽默吹牛術	金子登著	90元
24. 慧心良言	亦奇著	80元
25. 名家慧語	蔡逸鴻主編	90元
28. 如何發揮你的潛能	陸明編譯	90元
29. 女人身態語言學	李常傳譯	130元
30. 摸透女人心	張文志譯	90元
32. 給女人的悄悄話	妮倩編譯	90元
36. 成功的捷徑	鐘文訓譯	70元
37. 幽默逗笑術	林振輝著	120元
38. 活用血型讀書法	陳炳崑譯	80元
39. 心　燈	葉于模著	100元
41. 心・體・命運	蘇燕謀譯	70元
43. 宮本武藏五輪書金言錄	宮本武藏著	100元
47. 成熟的愛	林振輝譯	120元
48. 現代女性駕馭術	蔡德華著	90元
49. 禁忌遊戲	酒井潔著	90元
53. 如何達成願望	謝世輝著	90元
54. 創造奇蹟的「想念法」	謝世輝著	90元
55. 創造成功奇蹟	謝世輝著	90元
57. 幻想與成功	廖松濤譯	80元
58. 反派角色的啟示	廖松濤編譯	70元
59. 現代女性須知	劉華亭編著	75元
62. 如何突破內向	姜倩怡編譯	110元

64. 讀心術入門	王家成編譯	100元
65. 如何解除內心壓力	林美羽編著	110元
66. 取信於人的技巧	多湖輝著	110元
68. 自我能力的開拓	卓一凡編著	110元
70. 縱橫交涉術	嚴思圖編著	90元
71. 如何培養妳的魅力	劉文珊編著	90元
75. 個性膽怯者的成功術	廖松濤編譯	100元
76. 人性的光輝	文可式編著	90元
79. 培養靈敏頭腦秘訣	廖玉山編著	90元
80. 夜晚心理術	鄭秀美編譯	80元
81. 如何做個成熟的女性	李玉瓊編著	80元
82. 現代女性成功術	劉文珊編著	90元
83. 成功說話技巧	梁惠珠編譯	100元
84. 人生的真諦	鐘文訓編譯	100元
87. 指尖・頭腦體操	蕭京凌編譯	90元
88. 電話應對禮儀	蕭京凌編著	120元
89. 自我表現的威力	廖松濤編譯	100元
91. 男與女的哲思	程鐘梅編譯	110元
92. 靈思慧語	牧風著	110元
93. 心靈夜語	牧風著	100元
94. 激盪腦力訓練	廖松濤編譯	100元
95. 三分鐘頭腦活性法	廖玉山編譯	110元
96. 星期一的智慧	廖玉山編譯	100元
97. 溝通說服術	賴文琇編譯	100元

・健康與美容・電腦編號04

3. 媚酒傳(中國王朝秘酒)	陸明主編	120元
5. 中國回春健康術	蔡一藩著	100元
6. 奇蹟的斷食療法	蘇燕謀譯	130元
8. 健美食物法	陳炳崑譯	120元
9. 驚異的漢方療法	唐龍編著	90元
10. 不老強精食	唐龍編著	100元
12. 五分鐘跳繩健身法	蘇明達譯	100元
13. 睡眠健康法	王家成譯	80元
14. 你就是名醫	張芳明譯	90元
19. 釋迦長壽健康法	譚繼山譯	90元
20. 腳部按摩健康法	譚繼山譯	120元
21. 自律健康法	蘇明達譯	90元
23. 身心保健座右銘	張仁福著	160元
24. 腦中風家庭看護與運動治療	林振輝譯	100元
25. 秘傳醫學人相術	成玉主編	120元
26. 導引術入門(1)治療慢性病	成玉主編	110元
27. 導引術入門(2)健康・美容	成玉主編	110元

28. 導引術入門(3)身心健康法	成玉主編	110元
29. 妙用靈藥・蘆薈	李常傳譯	150元
30. 萬病回春百科	吳通華著	150元
31. 初次懷孕的10個月	成玉編譯	130元
32. 中國秘傳氣功治百病	陳炳崑編譯	130元
35. 仙人長生不老學	陸明編譯	100元
36. 釋迦秘傳米粒刺激法	鐘文訓譯	120元
37. 痔・治療與預防	陸明編譯	130元
38. 自我防身絕技	陳炳崑編譯	120元
39. 運動不足時疲勞消除法	廖松濤譯	110元
40. 三溫暖健康法	鐘文訓編譯	90元
43. 維他命與健康	鐘文訓譯	150元
45. 森林浴—綠的健康法	劉華亭編譯	80元
47. 導引術入門(4)酒浴健康法	成玉主編	90元
48. 導引術入門(5)不老回春法	成玉主編	90元
49. 山白竹(劍竹)健康法	鐘文訓譯	90元
50. 解救你的心臟	鐘文訓編譯	100元
52. 超人氣功法	陸明編譯	110元
54. 借力的奇蹟(1)	力拔山著	100元
55. 借力的奇蹟(2)	力拔山著	100元
56. 五分鐘小睡健康法	呂添發撰	120元
59. 艾草健康法	張汝明編譯	90元
60. 一分鐘健康診斷	蕭京凌編譯	90元
61. 念術入門	黃靜香編譯	90元
62. 念術健康法	黃靜香編譯	90元
63. 健身回春法	梁惠珠編譯	100元
64. 姿勢養生法	黃秀娟編譯	90元
65. 仙人瞑想法	鐘文訓譯	120元
66. 人蔘的神效	林慶旺譯	100元
67. 奇穴治百病	吳通華著	120元
68. 中國傳統健康法	靳海東著	100元
71. 酵素健康法	楊皓編譯	120元
73. 腰痛預防與治療	五味雅吉著	130元
74. 如何預防心臟病・腦中風	譚定長等著	100元
75. 少女的生理秘密	蕭京凌譯	120元
76. 頭部按摩與針灸	楊鴻儒譯	100元
77. 雙極療術入門	林聖道著	100元
78. 氣功自療法	梁景蓮著	120元
79. 大蒜健康法	李玉瓊編譯	120元
81. 健胸美容秘訣	黃靜香譯	120元
82. 鍺奇蹟療效	林宏儒譯	120元
83. 三分鐘健身運動	廖玉山譯	120元
84. 尿療法的奇蹟	廖玉山譯	120元
85. 神奇的聚積療法	廖玉山譯	120元

86. 預防運動傷害伸展體操	楊鴻儒編譯	120元
88. 五日就能改變你	柯素娥譯	110元
89. 三分鐘氣功健康法	陳美華譯	120元
91. 道家氣功術	早島正雄著	130元
92. 氣功減肥術	早島正雄著	120元
93. 超能力氣功法	柯素娥譯	130元
94. 氣的瞑想法	早島正雄著	120元

・家 庭／生 活・電腦編號 05

1. 單身女郎生活經驗談	廖玉山編著	100元
2. 血型・人際關係	黃靜編著	120元
3. 血型・妻子	黃靜編著	110元
4. 血型・丈夫	廖玉山編譯	130元
5. 血型・升學考試	沈永嘉編譯	120元
6. 血型・臉型・愛情	鐘文訓編譯	120元
7. 現代社交須知	廖松濤編譯	100元
8. 簡易家庭按摩	鐘文訓編譯	150元
9. 圖解家庭看護	廖玉山編譯	120元
10. 生男育女隨心所欲	岡正基編著	160元
11. 家庭急救治療法	鐘文訓編著	100元
12. 新孕婦體操	林曉鐘譯	120元
13. 從食物改變個性	廖玉山編譯	100元
14. 藥草的自然療法	東城百合子著	200元
15. 糙米菜食與健康料理	東城百合子著	180元
16. 現代人的婚姻危機	黃靜編著	90元
17. 親子遊戲 0歲	林慶旺編譯	100元
18. 親子遊戲 1～2歲	林慶旺編譯	110元
19. 親子遊戲 3歲	林慶旺編譯	100元
20. 女性醫學新知	林曉鐘編譯	180元
21. 媽媽與嬰兒	張汝明編譯	180元
22. 生活智慧百科	黃靜編譯	100元
23. 手相・健康・你	林曉鐘編譯	120元
24. 菜食與健康	張汝明編譯	110元
25. 家庭素食料理	陳東達著	140元
26. 性能力活用秘法	米開・尼里著	150元
27. 兩性之間	林慶旺編譯	120元
28. 性感經穴健康法	蕭京凌編譯	150元
29. 幼兒推拿健康法	蕭京凌編譯	100元
30. 談中國料理	丁秀山編著	100元
31. 舌技入門	增田豐著	160元
32. 預防癌症的飲食法	黃靜香編譯	150元
33. 性與健康寶典	黃靜香編譯	180元
34. 正確避孕法	蕭京凌編譯	180元

35. 吃的更漂亮美容食譜	楊萬里著	120元
36. 圖解交際舞速成	鐘文訓編譯	150元
37. 觀相導引術	沈永嘉譯	130元
38. 初為人母12個月	陳義譯	200元
39. 圖解麻將入門	顧安行編譯	180元
40. 麻將必勝秘訣	石利夫編譯	180元
41. 女性一生與漢方	蕭京凌編譯	100元
42. 家電的使用與修護	鐘文訓編譯	160元
43. 錯誤的家庭醫療法	鐘文訓編譯	100元
44. 簡易防身術	陳慧珍編譯	150元
45. 茶健康法	鐘文訓編譯	130元
46. 雞尾酒大全	劉雪卿譯	180元
47. 生活的藝術	沈永嘉編著	120元
48. 雜草雜果健康法	沈永嘉編著	120元
49. 如何選擇理想妻子	荒谷慈著	110元
50. 如何選擇理想丈夫	荒谷慈著	110元
51. 中國食與性的智慧	根本光人著	150元
52. 開運法話	陳宏男譯	100元
53. 禪語經典＜上＞	平田精耕著	150元
54. 禪語經典＜下＞	平田精耕著	150元
55. 手掌按摩健康法	鐘文訓譯	180元
56. 腳底按摩健康法	鐘文訓譯	180元
57. 仙道運氣健身法	李玉瓊譯	150元
58. 健心、健體呼吸法	蕭京凌譯	120元
59. 自彊術入門	蕭京凌譯	120元
60. 指技入門	增田豐著	160元
61. 下半身鍛鍊法	增田豐著	180元
62. 表象式學舞法	黃靜香編譯	180元
63. 圖解家庭瑜伽	鐘文訓譯	130元
64. 食物治療寶典	黃靜香編譯	130元
65. 智障兒保育入門	楊鴻儒譯	130元
66. 自閉兒童指導入門	楊鴻儒譯	180元
67. 乳癌發現與治療	黃靜香譯	130元
68. 盆栽培養與欣賞	廖啟新編譯	180元
69. 世界手語入門	蕭京凌編譯	180元
70. 賽馬必勝法	李錦雀編譯	200元
71. 中藥健康粥	蕭京凌編譯	120元
72. 健康食品指南	劉文珊編譯	130元
73. 健康長壽飲食法	鐘文訓編譯	150元
74. 夜生活規則	增田豐著	160元
75. 自製家庭食品	鐘文訓編譯	200元
76. 仙道帝王招財術	廖玉山譯	130元
77.「氣」的蓄財術	劉名揚譯	130元
78. 佛教健康法入門	劉名揚譯	130元

國家圖書館出版品預行編目資料

簡明易占學／黃曉崧編著，－初版－臺北市，
大展，民 88
面；　公分－（命理與預言；18）

ISBN 957-557-911-9（平裝）
1. 易占
292.1　　　　88002721

ISBN 957-557-911-9

簡明易占學

編 著 者／黃　曉　崧
發 行 人／蔡　森　明
出 版 者／大展出版社有限公司
社　　址／台北市北投區（石牌）致遠一路二段12巷1號
電　　話／(02) 28236031・28236033
傳　　眞／(02) 28272069
郵政劃撥／0166955－1
登 記 證／局版臺業字第2171號
承 印 者／國順圖書印刷公司
裝　　訂／嶸興裝訂有限公司
排 版 者／千兵企業有限公司
電　　話／(02) 28812643
初版 1 刷／1999年（民88年）5月

定　　價／230元

大展好書 好書大展

大展好書 好書大展